知的生きかた文庫

幸運の教科書

武田双雲

三笠書房

プロローグ

「いつか」ではなくて「今」幸せになる勇気を！

「がんばれ」という言葉が心に響かない時代を生きる人に贈る新しい生き方

「双雲さん。なんか、今って、みんな悩みや不安だらけ。だけど、がんばっても未来はよくなっていくイメージが持ちにくい今の時代に、『がんばれ』『がんばれ、がんばれば素晴らしい人生になるぞ』っていう生き方は、もう合わないいんじゃないかと思うんですよね。双雲さんは、どう思います？」

ひつじくんは、ぼくの年下の友人です。

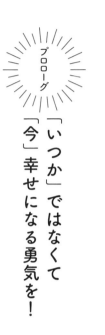

出版社に勤める編集者であるひつじくんに、こう聞かれて、ぼくは考えてしまいました。

元気がない人、落ち込んでいる人、

仕事がうまくいかない人、働くのがつらい人、自分が嫌いな人、

名声や学歴、肩書、実績……などにとらわれている人、

夢が持てない人、将来どうなるのかが見えない人、成功したい人、

……などなど、世の中には満たされないものを抱えている人がたくさんいます。

ざっくりと、今、幸せを感じられない人たち、と言えるでしょう。

彼らは、何か行動のヒントや精神的な助けを求めて、自己啓発書やビジネス書を読みます。

本で得た知識をヒントに、行動を変えられるかも、もう少しがんばろうという気になるかも。その結果、何かがうまくいくかもしれない――と、期待します。

けれども――。

何かがうまくいったら、何かが手に入ったら、本当に、幸せになれるのでしょうか？

「もっと売り上げを上げろ！　もっと利益を出せ！」

と、上司にいつも叱咤激励されているビジネスマンがいるとしましょう。彼の心は、目標の数字を達成できなかったらどうしよう。また上司に怒られるのかな。目標を達成できなかったら、ボーナスの査定に響くなぁ。いやいや、それどころじゃない。このままじゃクビになるかもしれないぞ。

……なんて、いつも不安や心配でいっぱいです。

そこで彼は、どうしたらうまくいくか考え、工夫して仕事をがんばります。

その結果、ついに目標の数字を達成することができたとして、それで、彼は幸せになるでしょうか？

たしかに、うまくいったそのときは、幸せな気分にひたれるでしょう。バンザイして祝杯くらい挙げるかもしれません。

でも、次の日から、またもや目標の数字を目指してがんばらなければいけないのです。そして、目標の数字を達成できなかったら、また上司に怒られるのかな？　ボーナスはもらえるのかな？　いやいや、このままじゃリストラかも……。

と、ほんの一瞬ほっとしただけで、またしても不安と心配まみれの、幸せではない状態に逆戻りしてしまいました。

いったい、何がいけないのか？

ぼくは、ここに現代人の「未来志向」の罠《わな》があると思っています。

この先、何かがうまくいったら、この不安はなくなる。

いつか、何かを達成したら、何かほしいものを手に入れたら、幸せになれる。

みんな、そんなふうに考えています。

しかし、本当にそうでしょうか？

今やっている仕事がうまくいったら、

お金持ちになれたら、恋人ができたら、有名になれたら、友達が増えたら、

散らかっている部屋がきれいになったら、5キロやせたら、昇進できたら、

もっと明るい性格になれたら……あなたは、幸せになれるのでしょうか？

いいえ、何かを手に入れても、次の瞬間からまたすぐに、今の状況に不満や不安を覚えることは、先のビジネスマンの話でわかると思います。

しかも、経済状況や世界情勢、環境などそのほかの理由で、未来がよくなるという見方をすること自体がむずかしくなってもいる……。

そんなこんなで、「いつの日か、○○すれば、幸せになれる」という**未来志向や、やみくもにがんばることにみんなが疲れてきてる**と、ぼくは思うのです。

今この瞬間を幸せだと感じている？

ぼく自身には、この「いつの日か、○○すれば、幸せになれる」という未来志向はありません。ぼくは未来に縛られてはいないのです。

未来志向にとらわれない生き方をしていると、終わりのない不安や悩みのループに陥ることがありません。悩みや不安が湧いてきたとしても、すぐに解決もします。

いつも元気で楽しそうに見えるのもそのせいでしょう。実際、楽しく暮らしていることが多いのです。

では、どうしたら未来志向から脱出できるのか？

それには、**今を生きられるようになること**が大事です。

「いつか」幸せになりたい、ではなくて、「今」幸運になって、今幸せになる！

それには、つねに、「いい機嫌」や「いい気分」、「いい感情」でいることです。**そうした状態にあると、みるみる人生が幸せばかりになっていくのです。**

そして、いつでもどこでもそんな心持ちになれる方法を提案するのが本書です。

温泉につかって、「気持ちいいな～」と思っているとき。

おいしいものを食べているとき。

お気に入りの自転車で走っているとき。

付き合いはじめたばかりの恋人と過ごしているとき。

子どもを見守っているとき。

愛犬と遊んでいるとき。

映画館の暗闇の中で、息を詰めてスクリーンを見つめているとき。

こんなときは、誰もが未来に縛られてなんかいません。

間違いなく、今を生きています。**こんな心の状態に、いつでも一瞬で――たとえ悩みや不安に襲われたときや、なかなか夢がかなわないときさえも、なれればいい。**

そして、未来に縛られるとは、どういうことか。今を生きるとは、どういうことか。

ぼくとひつじくんの対話形式で楽しく解き明かしていきます。

「Lesson1」は、**「悩みや不安の正体」**について。

「Lesson2」は、**「幸運が好む場所」**について。

「Lesson3」は、幸運に好かれる**「自分の整え方」**について。

「Lesson4」は、**「思考に振り回されない」**コツについて。

……途中、ぼくの説明は、あっちこっちへと飛びますが、安心してください。最後まで読んでもらえれば、幸運になる方法が、いつのまにか見えてくるはずです。

なお、本書は、『波に乗る力』（日本文芸社）をさらに多くの人に届けるために、文庫にして改題したものです。

では、さっそく対話を始めましょう！

武田双雲

もくじ

Lesson 2 幸せの取扱説明書

幸せが〝好んで集まる場所〟を知って たっぷり幸せのなかに身を置く！

幸せってなんだっけ？
幸せは、まるで生き物のように「環境」を選んで集まる！

Lesson 4
思考の取扱説明書

考えないで感じる！

お茶の味、空の色、心のときめき……
幸運だけキャッチできるようにチューニングすればいい！

28

「今」を生きるためのメソッドを日本人は「道」と名づけた
——伝統に隠されたすごい極意

茶を点《た》てる、花を生ける。日常を丁寧に生きると道が開ける！

208

29

「自分に克《か》つ」は、ご法度《はっと》。
「弱い自分」も自分だと認めないとこんなに怖いことに！

波画　武田双雲
イラスト　白井　匠
編集協力　川端隆人
山根裕之

Lesson 1
悩みの取扱説明書

とらわれから自由になって
可能性は無限大に！

あなたを閉じ込めている
〝不安や悩みの小さな箱〟から抜け出して
宇宙規模の大きなエネルギーに
つながるステップ

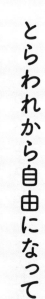

01

幸運な人だけが知っている「まっすぐな線を引くコツ」

ありのままで超幸運な人になるために、
最初に意識してほしいこと

ひつじ　双雲さんって、いつも元気ですよね。エネルギーが常人の20倍はありそう。サラリーマンから抜け出して、自由にやりたいことをやれている。しかもそれが世界的にも評価されて、日本の文化の発信者としても活躍されている！　どうしたら双雲さんみたいに毎日元気で幸せいっぱいになれるんですか？　ぼくもそうなりたいですよ。双雲さんは人生を楽しんでいる感じだし。初対面のおばあちゃんに**「あなたは如来様だ」**って拝まれたこともあるとか（笑）。たしかにちょっと風貌《ふうぼう》が仏像っぽくて、すごく運もよさそう！

双雲　仏像……。まあ、自分でそうなろうと目指していたわけではないんだけど。そうだねえ……。**まっすぐな線を引く方法って知ってる？**

ひつじ　いきなり何の話です？

双雲　いや、書道の話。筆で紙に、縦にまっすぐな線を引く。どうしたらうまくいくと思う？

ひつじ　まっすぐな線ですか。こう、わきを締めて、ぐっと筆を握って、ブレないように。息を吸って、止めて、力強く一気に引く……かな？

なるほど。それでもうまくいくかもしれないね。

でも、ぼくは違うやり方をする。まっすぐな線を引くときに、筆と紙ばっかりを意識していると、筆がフラフラする。では、何を意識するか。

自分の目の前、そのはるか先、宇宙の果てまで、無限の線があると考える。

その線は紙の上を通って、自分の後ろ、そのはるか先、やっぱり宇宙の果てまで無限に続いている。その無限の線の上を筆でなぞると考えると、まっすぐな線が引ける。

あとは、強く書こうとして筆を強く握ってしまうと、ブレーキがかかってしまう。

これは、太い字を書こうとするときもそう。

ギュッと握るのは、前に出ようとするエネルギーにブレーキをかけることな

双雲

んだ。

強く表現したいなら、力を抜いたほうがいい。

ちょっとイメージを変えるだけで、扱えるパワーはぐっと大きくなる。

ひつじ　へぇ……、宇宙の果てですか！　スケールの大きい話ですねぇ。

プチPoint

まっすぐな線を引く極意と、幸運を手にする極意は似ている。
力を抜いてリラックスして視野を広げると、大きなパワーが出せる。
そして正しく動くこともできる。

02

幸運な人の「ものの見方」を真似てみよう

赤ちゃんのように「こだわり・とらわれ」から解放された目で見る

双雲　ぼくはもともと、宇宙の果てとか、ビッグバンとかに興味があって……。

ひつじ　双雲さん、理系ですもんね。

双雲　そうかと思えば、「近所は宇宙」というタイトルで個展を開いたこともある。そこらへんに生えている雑草の写真なんかを撮ってね。草一本の中にだって宇宙はあるって思うから。

えっと、なぜ、ぼくは元気なのか、という話だったよね。

それはもしかすると、子どものころから興味の対象が人間とか、社会とかいう単位じゃなかったせいかもしれない。

宇宙という単位で、ものを観《み》ていたんだよね。

ひつじ　それが元気の秘密？

双雲　普通の人は、人間単位でものを考える。人間が集まった社会を、自分が生きる場だと考える。

スケールの大きい志《こころざし》を持つ人もいるけれど……。たとえば世界一の企業をつくるとかね。
志とか、夢とか目標というのも、人間社会を前提にして成り立つ言葉だよね。ぼくはそうじゃなくて、**原子、分子、植物、動物、地球、宇宙を含めて観る**タイプだった。
人間や社会に興味がないというんじゃないよ。分子や草花と同じように、宇宙のワンパーツとして興味を持っている感じかな。

ひつじ　そうか。**人間も社会も、森羅万象《しんらばんしょう》の一つだととらえるスケールの大きい見方をしているから、パワーも大きい**ということなんですかね。

双雲　そうかもね。だから、ぼくが元気なのは、元気になるノウハウがあるわけじゃなくて、デフォルト（初期設定）のメガネがほかの人とは違う……。見方が違うということだと思う。

ひつじ　それは先天的なものですか。それとも後天的に身に付けたもの？

双雲　両方だね。子どものころからそうだったし、大人になってからは意識してそうあろうとしている部分もある。

ぼくはそもそも、**人間と植物、動物、物体、物質をあまり区別しない。**

みんな宇宙のパーツという点では同じ。他人と自分の区別もあまりはっきりしていない。

完全にシームレス（つなぎ目がない）っていうことはないと思うけれど、シームレスに近い。

ひつじ

なんだか、悟《さと》りを開いた高僧のようですね。

双雲

お坊さんは、修行をして、ものごとを区別する「こだわり」や「とらわれ」から逃《のが》れていくんだよね。

もちろんぼくも人間で、ほかの人と同じ細胞システムと、同じ脳内ネットワークと、同じ自律神経システムを持っているから、特別なことは何もない。

だから、エゴや「とらわれ」から自分を解放しよう、と試みることもある。

それは後天的だと思う。

それとは別に、そもそも、ものごとを区別する考え方の枠にはまらないで生きているところがある。もしかしたら、**赤ちゃんに近いのかもしれない。**

ひつじ　赤ちゃん？

双雲　赤ちゃんは、まだ自分と他人を区別していないよね。そもそも自分と世界が分離していない状態。

1歳とか2歳くらいまでは、自他の区別があいまいな状態が続く。

それが、犬を見て、たとえばお母さんが「わんわんだよ」と教えてくれて、「わんわん」を認識できるようになる。

最初のうちは猫を見ても「わんわん」と言ったりするけれど、やがて「わんわん」と「にゃんにゃん」を区別できるようになる。

3歳くらいからは、いよいよ認識のシステムが確定していって、自分と世界との関係性ができ上がっていく。

小学生になると、だいたい基本的な枠ができて、「物心が付く」と呼ばれる状態になる。そして、社会的・経済的システムに組み込まれていく準備ができる、と。

ひつじ そうか。**赤ちゃんは、修行なんてしなくても森羅万象を区別しない世界に生きているわけですね。**

双雲さんは赤ちゃんに近いものの見方ができているんだ。なぜ、双雲さんは赤ちゃんのままでいられるんですか?

双雲 いや、赤ちゃんのままってことはないけどさ……。

ぼくはたまたま、そういう認識の枠に組み込まれないライフスタイルを持っている、ということなのかもしれない。

言葉を選ぶのがむずかしいんだけど、**つねに疑っている。**

たとえば、ここにあるコップを、コップだと確定しない。「これはなんだ?」「本当にコップか?」「コップってなんだ?」と思っている。

ひつじ 哲学的ですね。懐疑主義みたいなものですか。

双雲 うーん、たしかにあまのじゃくな自分はいるんだけど、懐疑主義というと、「俺は何も信じないぞ」という反抗のイメージがあるよね。ぼくには反抗心はぜんぜんない。ついでに、世の中に対して怒りもないし。

反抗的な疑心暗鬼じゃなくて、**関心という名の疑い**、と言ったらいいかもしれない。

ひつじ **関心……、好奇心をつねに持つ**、ということですか。

双雲 それに近いと思う。

赤ちゃんがはじめて何かを見たときって、目をこーんなに見開いてるでしょ。

「なんだ？　なんだ？」って。

少し大きくなって3歳児くらいになると、今度は、**「なんで？」**が始まる。

「パパはなんで仕事をするの？」とか、「なんで朝は明るくなるの？」とか。

ひつじ はいはい、うちの子も言っていました。

ぼくはもともと、「なんだ?」「なんで?」が異常に強いんだと思う。そして、いつまでも「なんでパパは仕事をするの?」という感覚を持ち続けたいと意識しているところもあるんだと思う。

だから、朝起きて、「これは朝なんだろうか」「そもそも朝ってなんだろう」と思うこともあるし。「なんで犬と猫の区別がつくんだろう」と疑問に思うし。いまだに「書道家ってなんだろう」「武田双雲ってなんだろう」とも思うし。そうすると、「自分は書道家である」「自分は武田双雲である」という枠に入り込めない。カチッとはまらない、という感覚かな。

そうやって、**あらゆるものに関心という名の疑いを持つ。なにごとも確定させない。**

プチPoint

スマホ、会社、植物、家族……、「関心という名の疑い」を持って、いろいろなものを観てみよう。とらわれから脱出するきっかけになる。

03

悩みや不安も、観てみよう

「わき上がってきた感情を観る練習」で、こんなお宝に気づく！

ひつじ 何も確定しないと、よって立つものがなくて、不安になりませんか。

双雲 普通はそう思うだろうけれど、ぼくは何かによって立つことのほうがリスクだし、不安を強くしていると思うんだよね。

何かによって立つよりも、つねに森羅万象を、4次元や5次元の世界で浮遊して観ているような状態が好ましい、そうありたいな……と。

ひつじ うーん……、むずかしいですね。禅問答《ぜんもんどう》のようになってきました。

双雲 こう言えばわかりやすいかな。

ぼくだって、みんなと同じように悩みとか不安は出てくる。ただ、それが消えるまでの時間が早い。どんどん短くなっている。

なぜかというと、**わき上がってきた自分の悩みや不安も、関心を持って「観る」から**。「なぜ仕事で失敗するのが怖いの？」「仕事ってナニ？」「怖いってナニ？」「怖いっていう感情には、脳が関係しているの？」「脳が自分を怖がらせているのかな？　じゃあ、脳って自分なの？　別の何かなの？」「自分ってナニ?」……とか。**ワクワクして観察する自分がいる。**

ひつじ それじゃ、悩みや不安にとらわれているヒマはありませんねぇ……。

双雲 そういうライフスタイルを、先天的なキャラとして持っているのもあるし、持続させようと意識もしている。

ひつじ そのあたりに、双雲さんの元気の秘密がありそうですね。

双雲 そうだ、悩みといえば、**ぼくは書道で悩んだことがないんだよ。壁にぶち当たったことがない。**

ひつじ 本当ですか!? 芸術家に「生みの苦しみ」は付きものだと思いますが。

双雲 これも、ぼくの元気の秘密と関係する話かもしれない。

ひつじ おっ、ぜひお聞きしたいですね。

プチPoint

「これは悩みだ」と決めつけると、思考停止して苦しみは続く。悩みや不安を関心を持って観ると、悩みではない可能性に気づける。

04

創造や表現において、ぼくが仕事でほとんど「悩まない」わけ。信じがたいだろうけど本当の話

悩み、壁、挫折、生みの苦しみ……は、どこから生まれてくると思う？

双雲　ぼくはね、自分の作品を見て素直に感動してしまうんです。

ひつじ　すごいですね。自分で感動してしまうんですか。

双雲　こう、筆を持って、書いて。書いたものを見て「おお！」って。

ひつじ　それはどんな感覚なんですか。まるで自分の作品じゃない、みたいな感じですか。何かに突き動かされて、書かされたというような。

双雲　もちろん自分でコントロールして書いてはいるし、いわゆる自動筆記とか、トランス状態みたいなものとは違う。「神が降りてきている感覚」なんて言う人もいるけど、そういうのとも違うなぁ。

書いているときは、ノイズがゼロというか、ブレーキがないというか。

すごく「無」に近い。

ひつじ　なるほど。それと関係しているのかどうかはわかりませんが、双雲さんの表現って、自由ですよね。書道のイメージに収まらないというか。

それでもやはり、書道だから「お手本」はあるんですか？

双雲　ない。……いや、ある。**全部がお手本です。**

ひつじ　全部？

双雲　**見てきたもの全部。映画、服、建物、すべての表現。**
人間の表現だけでなくて、神が表現した植物、動物、景色、地球、宇宙……、
全部から影響を受けている。

ひつじ　なるほど。決まったお手本はないけれど、経験したこと全部がお手本だとも
いえるわけですね。とてもアーティストらしい発言だなぁ。

双雲　アーティストと呼ばれる人たちは、**「創造」**とか、**「クリエイティブ」**という
言い方をするよね。何かをクリエイト、創造するのがアーティストだという。
もう一つ、**表現**という言い方もある。表現するのが芸術家だ、という言い方。
「表」に「現」れるということは、**裏に何かがあるってこと**でしょう。現れ
る前に何かがある。現れる前の、源《みなもと》＝大本《おおもと》がある。その源が創造されたも
の。源から、たまたまフタが開いて流れ出したものを表現という。

ひつじ　……？　ややこしくなってきました。

双雲　つまり、わかりやすく言うと、**人間は表現することはできるけれど、何も創造できていない。創造されたものを「大本」にして、表現しているだけなんだよ。**

ひつじ　双雲さんにとっての芸術は、創造じゃないってことですね。

双雲　だって、いくら科学技術がすごい、ロケットでもＡＩでもつくれる、といっても、もともとある原子の組み合わせでしかない。
もちろん、科学技術がたいしたことないとか、芸術はくだらないとか言っているんじゃないよ。それらも素晴らしいものではあるけれど、創造ではない。
人間は、創造主ではないとぼくは思う。

ひつじ　キリスト教的な話ですね。創造するのは神様だけという。

双雲　神様だとか宇宙の大きなエネルギーと考えてもいいし。何かの「大本」、源だと考えてもいい。とにかく、**そういう大きなものにアクセスして、パイプ**

を通して、作品として表に現す。それがぼくにとっての表現ということ。だから**ぼくには自分が伝えたいこと、というのはない**。もしかしたらぼくは変わっているのかもしれないけれど。
自分のメッセージを表現するのではなくて、**むしろ「無」になると表現が出てくる。「大本」につながるただのパイプになるイメージ**。だから、ぼくは書道で壁にぶち当たったことがないし、**生みの苦しみみたいなものもない**んだよね。

ひつじ そうか、芸術家は……というか、芸術家に限らず、クリエイティブな仕事をしようとする人たちは、自分で何かを生み出そうとするから苦しむんですね。もしかすると、双雲さんは、芸術家とは違う何かなのかなぁ。

双雲 正直に言うと、芸術のことはよくわからないんだよね。

ひつじ 書道家としては、異端児ですよね。

双雲 異端児とも思われていないんじゃないかな。たぶん、なんとも思われていないよ。たまに「あれは書道家じゃない」と言われるくらいで、基本的には「無」だよね。

ひつじ その意味でも「無」なんですね。

双雲 「書道界を変えてやろう」とか、「これまでの書道にない新しい表現をするぞ」とかも一切考えていないしねぇ。

ひつじ うーん、双雲さんは、いい意味で志がないのかも。

双雲 そうかもしれない。**志とか、夢とかいうものは、パワーを生み出すようで、じつはそうとも限らないんだよ。**

ひつじ それはどういうことなのか、もう少しくわしく教えてください！

プチPoint

クリエイティブな力を得るには、「自分が生み出す」という意識を捨てて、すべての経験や宇宙のおかげで表現できると思ってみよう。

05

心が先入観だらけだと幸せは逃げていく

雨とゴキブリはイヤなものだと、
いつの間にか刷り込まれていませんか？

双雲 ところで、**なんでゴキブリはあんなに忌《い》み嫌われるんだろう。**

ひつじ あれ？　志と夢の話じゃ……。

双雲 ガサゴソって来るから？

ひつじ ……さあ？　不潔だからじゃないですか。

双雲 ゴキブリは意外に汚くない。体の表面がヘプタコサジエンという油分でコーティングされているから汚れが付かないんだよ。

ひつじ くわしいですね。でも、ゴキブリはみんな苦手ですよね。字を見るのもイヤと言う人もいます。

双雲 うちの生徒さんで、北海道出身の人がいるんだけれど、北海道の北部の人はゴキブリを見ると**「ナニこれ？」となる**らしい。

ひつじ ああ、北海道にはゴキブリがいないから。その話、聞いたことあります。

双雲 ゴキブリがいないっていうことは、ゴキブリという**文化**がないということ。

ひつじ ゴキブリという文化？

双雲　ぼくらがなぜ、あの虫をイヤがるか、そのルーツを探ると……。**赤ちゃんのときは「ゴキブリ、イヤ」なんて思わない。**

ひつじ　そりゃそうでしょうね。

双雲　でも、ゴキブリが出てくるたびに親や、周りの大人は大騒ぎをする。すごいよね。女性でも男性でも、「ギャー!!」「イヤー!!」とか叫ぶ。スリッパやら新聞紙やら、殺虫剤やらを持ち出して。

そんな様子を子どものころから見ていたら、「こいつは危険なんだ」と頭に刷り込まれるよね。

もし仮に、ゴキブリが出るたびに、「おや、ゴキブリ」「もうそんな季節なのね」「かわいいね」などと反応したらどうなるか。

ひつじ　想像しづらいですね。風流なゴキブリ。

双雲　そう、ゴキブリは風流なもの、季節の風物詩……と刷り込まれる。ホタルとか、セミとか、スズムシみたいな感じかな。

それくらい刷り込みというのはすごい。

ひつじ ひつじくんは雨は好きかな？
あまり好きではないです。

双雲 ぼくは雨が大好き。ぼくの名前に「雲」が付くせいもあるし、音やにおいも好き。雨が降る日は自律神経が落ち着くしね。「雨だー！」って喜んでしまう。

ひつじ 珍しいですね。

双雲 たいていの人は、雨があまり好きじゃない。

小さいころ、天気予報で**「今日はあいにくの雨で……」**と言うのを聞いて、母に質問したことがある。

「母ちゃん、あいにくの雨ってナニ？」

「あいにくの『にく』は憎たらしいって意味よ」

本来の語源は「あやにく」で、「生憎」の「生」は当て字なんだけれどね。

とにかく、「あいにく」というのは都合が悪いとか、残念ながらという意味だ。

ぼくは雨が好きだったから、なんで「あいにくの雨」なのか、ずっと不思議だった。

だいぶ大きくなってからわかったことは、まず、雨は濡《ぬ》れるからイヤだということ。そして、雨の日は洗濯物が乾かないからイヤなんだということ。

ひつじ ぼくは、昔から当たり前のように、雨はイヤなものだと思っていましたけど。

双雲 江戸時代にも「あいにくの雨」って言っていたのかな？

ひつじ え？　それはそう……いや、どうかな？

双雲 だって、江戸時代って今より農民が多かったはずだよ。雨が降ったら畑に水をあげなくていい。**「やった、雨だー！」**となったんじゃない？

ひつじ たしかに。

双雲 今だって、カリフォルニアなんて乾いているから、「恵みの雨」という感覚が強い。アフリカ大陸で、干ばつで苦しんでいる地域ももちろんそう。

ひつじ　逆に、イギリスなんかはしょっちゅう雨が降っているから、みんな濡れることを気にしないなんていわれますよね。

双雲　うーん、じゃあ「あいにくの雨」という感じ方は日本の文化なのかな？

ひつじ　あいにくの雨と感じる人もいれば、「雨！　やった」と感じる人もいる。**ゴキブリが文化であるのと同じく、「あいにくの雨」も文化なんだよ。**どちらも赤ちゃんにはない。生まれてから、成長の過程で刷り込まれるものだから。

双雲　**生まれつき持っているのではなく、生まれてから刷り込まれるのが文化、**ですね。

ひつじ　そう考えると、たとえば、お父さんが「働くのはつらいこと」と考えていて、いつも「仕事はつらいなあ」「でも、がんばって仕事しなきゃ」なんて言っていたらどうなるだろう。

双雲　子どもは、「仕事＝つらい」という文化を刷り込まれるよね。

逆に、「お父さん、どこ行くの？」「**仕事だよ！　行ってきまーす♪**」と、嬉しそうに出かけていく父親だったら？

ひつじ　仕事って楽しいものだと刷り込まれる。

双雲　そう、「ぼくも早く働きたいな」と思うよね。

ぼくはそういうタイプだから、たぶん子どもはすごく働きたいと思っているだろうなぁ。

ひつじ　ぼくもじつは、基本的に働くのはイヤじゃないんです。

でもね、楽しく仕事をしていると、奥さんがイヤミを言うんですよ。「なんだか楽しそうでいいわね」みたいな。だから、そこは気をつかって。疲れたふりをして「いや、大変なんだよ……」なんて。

双雲　わかる。それ、ぼくもあるよ。楽しそうに仕事をしている人を見ると、「ずるい」と感じる人はけっこういるから。

それも、**「仕事＝つらい」という刷り込み**があるからだろうね。

ゴキブリだって雨だって仕事だって、そもそも、いいも悪いもない、ニュートラルなもののはず。

ひつじ　でも、ぼくらはそういうものによし悪《あ》しとか、好き嫌いとか、つらいとか楽しいとかのレッテルを貼っている。個人的に貼ったわけではなくて、文化としてそのレッテルを受け継いでいる。

あまりにも多くのレッテルを貼りすぎてしまっていて、そのせいで落ち込んだり、つらくなったり、元気がなくなってしまったりしているのかなぁ。

双雲　その文化のレッテルは、ある程度、無効化することはできると思うよ。

ひつじ　脱・洗脳ですか。

双雲　洗脳というと、悪いヤツが意図的にやっているみたいに聞こえるけど、そういうわけではないからね。

いや、むしろ意図的な洗脳のほうがまだマシなんだよ。わかりやすいし、警戒もできるし、防ぎようがある。

でも、成長の過程で刷り込まれる文化は、あまりにも大量で防ぎようもない。

しかも、言葉を身に付ける過程で勝手に入ってくる。

たとえば「朝」という言葉は、ニュートラルなかたちでは入ってこない。

「もう朝よ、いつまで寝てるの！」と叱る声で「朝」を覚えた人と、**「気持ちよさそうに、よく寝てたね。朝ごはんできたけど、食べる？」**という明るい声で「朝」という言葉を手に入れた人。

「朝」という同じ言葉が、まったく違う意味を持っているよね。

ひつじ　まさに文化の違いだなぁ……。

プチPoint
ものごとに貼ったよし悪しのレッテルをはがすだけでも、心は軽くなり、幸福感が変わってくる！

06

「レッテルはがし」のゆる〜い練習

とらわれから抜け出した先に、
おもしろい世界が広がっている！

ひつじ　言葉を身に付ける過程で、ぼくたちは文化という名のレッテルをいろいろなもの、いろいろなことに貼ってしまうんですね。だから月曜日に仕事に行くのはユウウツだし、しかも雨だったりしたら、「あーあ……」と落ち込んでしまったりする。

双雲　そう。**逆に、「月曜日だ、また会社に行ける！」「雨の日は絶好調なんだよ」という人がいたら、それもまた文化。**

そういう刷り込みを受けているということ。

いずれにしても、生まれたときからずっと、防ぐヒマもないくらい、そういう文化が大量にダダダーッと頭に入ってくる。

そのうちにぼくらは、**自他を区別しない「赤ちゃんシステム」**から「言語システム」に移行する。

ひつじ　赤ちゃんシステム！　最初のほう、33ページあたりから出てきた話ですよね。**自分と世界や、森羅万象を区別しない、赤ちゃんの世界。そこから言葉を身**

に付けて、ものごとにレッテルを貼れるようになって、世界を認識できるようになる。

双雲　そうそう。だから、さっき洗脳という言い方をしたけれど、悪いことではないんだよ。言語システムに移行するからこそ、「わんわん」と「にゃんにゃん」を区別できるようになるし、世界と自分の関係を認識できるようになる。

そして社会生活を営めるようになるわけ。

だから、人間は一度洗脳されないと大人になれないともいえる。

ただ、**その洗脳のせいで今、苦しかったり、元気がなかったりするのなら、部分的に洗脳を無効化してもいいんじゃない？**　という話。

ひつじ　大人になって、その洗脳というか、刷り込みに気づくことが大事なんですね。

双雲　まさに言語システムを身に付けている最中の子ども時代には、気づかないからね。大人になって、本を読むようになって、「自分ってナニ？」とか、「この世界って現実なの？」とか哲学的なことを考えるようになったり、ときどき生きづらさも感じたりするようになってからがチャンスなんだよ。大人になって、自分が刷り込まれてきた文化を見直すことで、脱・洗脳――というと言葉がよくないから、**レッテルをはがすことができる**。とらわれから逃れることができる。それで楽になれることがある。

でも、**とらわれから自由にならなくてはいけない！　というわけでもないよ。**

別に、雨がイヤでも生きていけるし。仕事はつらいとグチりながらも幸せな人生はあるんだから。レッテルが気にならない人はそれでもいいし、気になるならレッテルをはがしてもいい。

ひつじ　とらわれから逃れてもいいんですよ、ってことですね。

なんだか、またお話に仏教的なテイストが出てきましたね。お釈迦《しゃか》様の教えって、そんな感じの話が多いような気がします。

双雲　たしかに、そうだねぇ。般若心経《はんにゃしんぎょう》は知ってるでしょう。

ひつじ　もちろん。般若心経を写経するのがちょっとしたブームになった時代もありましたよね。

双雲　本当にお釈迦様の言葉だったのか、後世につくられたお経なのか、くわしいことはわからないんだけど、とても有名な仏教の経典だよね。

これは読んでみるとわかるけど、ぜんぜんポジティブじゃない。宗教の経典というイメージとぜんぜん違う。

お釈迦様は出てこないし、善も、愛も、語られていないし。

そのかわり、何かがないということ、「無《む》」や「空《くう》」ということが繰り返し語られる。あとは、何かを否定する「不《ふ》」という字もいっぱい出てくる。たとえば、

「是諸法空相《ぜしょほうくうそう》、不生不滅《ふしょうふめつ》、不垢不浄《ふくふじょう》、不増不減《ふぞうふげん》。」

（あらゆるものに実体はない。生まれたり滅したりすることはないし、汚い

もきれいもない、増えることも減ることもない）

（見たり、聞いたり、味わったり、五感や心で感じることも、することにも

「無《む》眼耳《げんに》鼻《び》舌身意《ぜつしんい》、無色声香味《むしきしょうこうみ》触法《そくほう》、」

実体はない）

双雲　こういうことをえんえんと述べているんだ。

ひつじ　すべて実体のないまぼろしだ、ということですね。

双雲　そう。苦しみも本当は存在しないし、その原因もない。老いることも死ぬこともない。そうかと思うと、**「無《む》無明《むみょう》、亦無《やくむ》無明尽《むみょうじん》、」**なんていう言い方も出てくる。これは、知らないということはない（無無明）、そして知らないということがなくなることもない（亦無無明尽）、という意味。つまり、「ない」ということさえもないんだ、と言いだすわけ。

ひつじ　それは、結局あるんですか？　ないんですか？

双雲　さあ。たぶん、**「ある」とか、「ない」とかいうこと自体がある**

ひつじ　**ようでないし、ないようである、**みたいなことじゃない？

双雲　うーん、むずかしい。でも、なんとなくわかるような気もします。さっき、ぜんぜんポジティブじゃないと言っていましたけど、ネガティブでさえもないですね。

ひつじ　うん、ポジティブでもネガティブでもない。ひたすらクールと言うべきかな。**あらゆるレッテルを無効化していくんだね。**それが、般若心経。

双雲　そんなアナーキーなお経が現在まで残っていて、しかも超メジャーというのもすごいですよね。むずかしいけれども、般若心経で語られていることにはなんとなく共感できる、という人がたくさんいるということですから。

ひつじ　たしかに、般若心経が述べていることは、いろんなことに通じる普遍性があると思う。

双雲　前に言ったように、ぼくは何かを表現するときには、自分のメッセージを伝えようとか、自分の考えを形にしようとかするのではなくて、無になる。

ひつじ　なるほど。般若心経が語る「無」とか「空」とかいうのは、双雲さんが何かを表現するときの状態に似ていると。

双雲　ぼくに限らず、何かを表現する人というのは、多かれ少なかれ、そうなんじゃないかな。

スポーツ選手が言う「ゾーンに入った」という状態も、同じだと思うよ。自分がなくなって、「自分がない」ということさえ意識しなくなった状態。

芸術やスポーツだけじゃない。人は得意な仕事や好きな遊びに打ち込むときは、**「フロー状態」**という**無我《むが》の境地**に入るというでしょう。

あれが、般若心経で語られている境地なんじゃないか。

ひつじ　それなら、なんとなくイメージできますね。

ぼくも、おもしろい本を夢中になって読んでいると、自分がなくなった感じがすることがあります。本の中に入り込んだようでもあるし、本自体もなくなってしまったようでもあるし。あれはフロー状態というやつなのかも。

双雲　**刷り込まれた「文化」を意識して、レッテルをはがして、とらわれから抜け出していった先には、そういうおもしろい世界が広がっているということ。**

繰り返すけれど、**「脱・洗脳しなきゃ」とか、「とらわれを捨てなきゃ」なんて考える必要はない**。レッテルをはがしてみたらおもしろいかも、という姿勢でいいと思うんだよね。

ひつじ　なるほど。双雲さんの元気の秘密が、かなり明らかになってきた気がします。

プチPoint

生きづらさを感じた瞬間こそ、レッテルをはがすチャンス到来！
とらわれから逃れると楽になることもある。

07

スキルアップをしたら、幸せになれるって本当？

レベルアップ、キャリアアップ、シェイプアップ……
もいいけれど、
ギブアップにも、ビッグな幸せがあるかもよ！

双雲　ひつじくんは、**お金って悪いものだと思う？**

ひつじ　お金ですか。悪いものだとまでは思わないけど、扱いに気をつけないと、人生に悪い影響を与えることもあるんじゃないですかね。でも、大事なものだとも思うし、お金がたくさんあったらいいな、とも思う。

双雲　そうだよね。お金についてはいろんな見方があると思う。でも、**お金自体は悪いものでもなければ、いいものでもない**と思うんだ。その人が、お金をなんだと思っているか。お金がないことが不幸だとか、お金を失うことが恐怖だと思ったら、お金は不幸の因《もと》かもしれない。お金があったらいろんなことができるとか、人の役に立てると考えたら、お金は幸せの素《もと》かもしれない。

ひつじ　前々項の「文化」の話ですね。「朝」という言葉をどう覚えたかで朝に対するイメージが違う。親が仕事をどう思っているかで、子どもの仕事に対する考え方が変わるという。

双雲　そういうこと。お金だけじゃないよ。

有名だとか、学歴があるとか、華々しく活躍しているとか、家柄がいいとか、容姿が整っているとか……。どれもそれ自体はいいことでも悪いことでもない。

ただ、なんとなく「これを持っているほうが上」「持っていない人は下」というヒエラルキー、上下関係があるとぼくらは思っている。

それは文化であり、とらわれなんだけど。もしも、そういう上下関係が実体としてあると思ってしまったら、それは不幸の因になる。

たとえば、お金にしても、持っていない人は不幸ということになってしまう。持っている人は幸福かというと、そうでもなくて、お金を失ったら大変だ、お金が減ったらどうしようと、いつも不安や恐怖を感じていなくてはいけない。やっぱり不幸だよね。

ひつじ　地位とか、能力とか、名声なんかも、「自分にもあればいいのに」「そうしたら、もっと幸せになれるのに」と、つい思ってしまいますけど……。

双雲　じつはそうとは限らない。そういう考え方は不幸の因かもしれない。

ひつじ　前に＃04の終わり（45ページ）で志や夢の話をしたよね。

双雲　あっ、やっとそこに戻ってきましたか。すっかり忘れていました。

そうそう、ぼくはよく講演を頼まれるんだけど、いつもこんな感じなんだよね。特に話す内容は決めずに行って、その場でお客さんの顔を見て、思いついたことを話していく。

だから、あっちこっちに話が飛ぶけれど、不思議と、最後は話がうまくつながることが多い。

ひつじ　それは一つの才能ですね。

双雲　あ、また話がそれた。志と夢の話だったね。

ひつじ　志とか夢とかいうものは、パワーの源のようだけれども、じつはそうとも限らない、というお話でした。

双雲　うん。こんなことを実現したい、という志がある。あんなことができたらいいなという夢がある。

夢や志を持つのはとてもステキなことだけれども、やり方によっては危険なことがある。

夢や志が実現した未来が素晴らしいと考える半面、まだ実現していない今は素晴らしくない、よくないという考え方に陥ってしまうことある。

未来が自分をおとしめるんだよ。

ひつじ　うーん。たしかに、社長になりたいという志がある人からしたら、まだ社長になっていない、ただの平社員の現在の自分は不本意かも。

双雲　そもそも、現在よりも未来のほうが上だと思う傾向が、今の社会には強いような気がする。みんな成長することが幸福につながると思っているでしょう？　**スキルアップ、シェイプアップ、キャリアアップ、レベルアップ……。**成長して、いろんなものを手に入れることで幸せになれると思い込んでいる人は多い。

ひつじ 間違っていますかね？

双雲 もしも成長することで幸せになれるとしたら、まだあまり成長していない子どもは幸福じゃないということになる。

ひつじ ひつじくんは、子どものころは、今より不幸だった？

うーん。そんなことはないですね。今より幸せだったかもしれない。

双雲 赤ちゃんなんて、ぜんぜん成長していないし、何も持っていないよ。

赤ちゃんはすごく不幸なのかな？

ひつじ そんなことはないです。

双雲 でしょう。夢や志はすごくステキなことだけれども、今をおとしめながら見る夢はよくない。いつの間にか、夢や志が意味するものが、**「今の自分は価値がないから、何かを実現することで価値を上げよう」になっていないだろうか。**

そうなったら、夢や志を持てば持つほど、思えば思うほど、今の自分をおとしめることになるよね。

ひつじ　それは、幸せにはつながりませんよね。

双雲　**「夢や志が取り扱い注意」というのは、そういう意味**ですか。

ひつじ　夢を持つな、とは言わないけれどね。何かを手に入れたいとか、何かになりたいという欲望だってあっていいんだよ。ただ、**夢や志が、とにかくいいもの、力を与えてくれるものだとか、幸せにつながるものと決めつけた見方をしないこと。**

危険性もあることを忘れないようにしたほうがいい。

なるほど。うまい具合に夢や志と付き合っていけたらいいですね。

プチPoint

スキルアップや夢、志、成長などが持つ別の面に気づこう。

08

夢のフリをした、ちっぽけな自我に振り回されないコツ

たくさんの人や宇宙にも応援される人になる

双雲　**うまい具合に夢や志と付き合っていくためには、主語を変える**のがいいかもしれない。

ひつじ　主語、ですか?

双雲　世界一の企業をつくるという夢、あるいは志を持つ人がいるとしよう。スケールが大きいようだけど、じつは夢や志をすごくちっちゃくとらえている。

ひつじ　それ、前にも言っていましたよね。俺は世界一の企業をつくるというのは、しょせん人間の社会を前提にした話だと。宇宙のスケールと比べたら決して大きくない。

双雲　あ、その話もしたな。たしかにそうなんだけど、ちっちゃいというのは、もう一つ意味がある。
「俺は世界一の企業をつくるぞ」というのは、**自分だけが主語**でしょう。自分という小さな枠の中で、夢や志をとらえている。
でも、考えてみてほしいんだけど——人類が生まれてからこれまで何百億か、もしかしたら何千億人かが生きてきて、いろんな人の、いろんな夢があった。

それらの夢が、これまでに数えきれないくらいかなってきているんじゃないかな？

夜、寝るときに温かかったらいいのにな、という夢があって、布団ができた。

もっとおいしいものが食べたいな、という夢があって、料理というテクノロジーができた。

遠くにいる友達と話せたらいいな、という夢があって、文字や電話、インターネットができた。

たしかに、昔の人から見たら、今の世界は夢が全部かなった世の中かもしれない。コンビニに行けばいつでも食べ物があるし。

ひつじ

コンビニのドアが自動で開くしね。昔なら、ふすまを開けてもらえるのは、殿様くらいだよ。

双雲

これだけたくさんの夢がかなってきた。なのに、**かなった夢を見よう**

とせずに、まだかなっていない自分の夢だけを見てしまう。

その挙げ句、今の自分はダメな人間だとか、まだ何か足りないんだとか考えて自分をおとしめてしまう。

かなってきた夢という過去を見ずに、まだかなっていない夢ばかりを見るのは、過去との断絶になる。

ひつじ　過去との断絶……。過去と切り離されてしまっている。

双雲　そう、切り離されてしまっている。**切れているってことは、エネルギーの法則からいうと、滞《とどこお》っているんです。**

過去からのエネルギーが流れてこない。**孤立した場所で、自分だけのちっちゃなエネルギーで何かをしようとしている。**

自分の夢をかなえたいというとき、人は往々にして、そうなってしまっている。

「世界一の会社をつくりたい」というのが**小さい話だ**というのは、そういうこと。夢をものすごく小さく閉じてしまっているんだよね。

ひつじ　うーん、ちょっとむずかしいけど、わかります。

双雲　こう、欠乏感が強くて、コンプレックスも強くて、その裏返しでガツガツがんばっている人って、たとえ掲げている目標が立派でも、あまり応援したくないかも。

そういう人は、自分だけの孤立した場所にいるってことなんでしょうね。

でも、欲を抑えろとか、自分の夢や志を持ってはいけない、というわけではないよ。

現実に「自分はダメだ」「自分には足りないものがある」と感じてしまうことも仕方がない。

ただ、**そうやって夢や欠乏感を抱いたときこそ、まずはキャッチするところから始めましょう、**ということ。

ひつじ　キャッチ、ですか。

双雲　**自分の夢を追う前に、これまでにかなってきた人類の夢に目を向けてみる。過去からのエネルギーを感じて、キャッチする。**
あとは、先に話したように、人間社会の前提で考えずに、宇宙の規模で考えてみる。

ひつじ　ようするに、エネルギーの大きな循環にアクセスするってことかな。

双雲　なるほど。見事に#02（29ページ）の話に戻りましたね。
双雲さんは、自分を原子、分子、植物、動物、地球、宇宙……という森羅万象の一つのパーツだととらえているんですよね。だからパワーが大きいんだってことがわかりました。うーん、でもなぁ……。

ひつじ　ちょっとわかりにくいかな？

双雲　いえ、よくわかるんですけれど、**「エネルギーの大きな循環にアクセスする」**と言われても、実際にどうやればいいのか……と困ってしまいます。

双雲　ああ、なるほどね。エネルギーの大きな循環にアクセスする方法は簡単で、**関心を向けること。**

ひつじ　**関心**ですか？　それだけ？

双雲　それだけでいい。

ひつじ　そのあたりを、もう少しくわしく聞かせてください。

プチPoint

「俺は世界一の企業をつくる」というのは、自分だけを観ているという意味でスケールの小さな夢。たとえば、主語を「みんなが」「誰もが」に変えて夢を描いたら、きっと夢のスケールが大きくなって宇宙の応援も得られる！

09

枯れ木もよみがえらせる！世界一シンプルな「あらゆる問題解決」の最初の一歩

人間が向ける関心には、とてつもない影響力がある

双雲　**「関心」を向ける**、ということについて、前におもしろいことがあって。聞かせてください。

ひつじ　聞かせてください。

双雲　うちの庭に、ほとんど枯れていた植木があった。ふと思いついて、それをワークショップのテーマに使ってみた。

「この木の様子を書で表現してみよう」ということで。

そのまま枯れているというイメージで書いてもいいし、生と死の移り変わりをイメージする人もいるだろうし。人によっては、枯れかけた木にかえって希望を感じる人だっているかもしれない。

いずれにしても、素材としておもしろそうだなと思ったんだ。

そこで、ワークショップでは、受講生の人たちにこの木をじっくり観てもらって、自由に感じたことを表現してみる、という課題を出したわけ。

そうしたら……**ほぼ枯れていたこの植木が、よみがえった。**

ひつじ　元気になっちゃったんですか。すごい！

双雲　**植物って、人が向ける関心や好奇心に反応する**ものなんだ。一日中、たくさんの人にじっと観られて関心を向けられたことで、この木はよみがえった。ぼくらが思っている以上に、**「関心」というのはすごいエネルギーを持っている。**

ひつじ　関心がエネルギー。またおもしろい話が出てきましたね。

双雲　でも、「愛情はエネルギー」というと、なんとなく「それならわかる」と思うでしょ。

ひつじ　愛の力で奇跡的に病気が治った……とか。

双雲　そうそう。たしかに、愛情も大きなパワーだけれど……。でも、じつは愛情ってむずかしい。まず、愛情を誰かに注ぎましょうと言ったって、自分がカツカツなのに他人に愛情を注げるわけがない。

ひつじ　それはそうですね。いっぱいいっぱいのときは、人にやさしくなれなくなっている自分に気づきます。

双雲　そんなときでも、関心くらい向けられるでしょう。**好きになれなくたって、愛せなくたって、関心は持てる。**

ひつじ　……あのね。**妻って、一番飽きる対象なんですよ。**

双雲　双雲さん、唐突にとんでもないことを言いだしますね。

ひつじ　結婚した人は、みんな絶対に経験したと思うんだけれど。配偶者に向ける関心は必ず低下する。最初会ったときに比べたら100分の1以下でしょう。

双雲　うーん、そうかも。

ひつじ　それを100パーセントまで戻すのは無理かもしれない。でも、関心を半分まで戻すだけでも、関係性はよみがえる。

ひつじ　半分……。それも、なかなかむずかしいかもしれませんね。

プチPoint
人間の関心には、生命を左右するほど莫大なエネルギーがある。

10

5秒よけいに観るだけで！愛がよみがえったり、人間関係の悩みが消えたり！

変えようとしなくても、不思議なくらい相手が変わる

双雲　関心を持って観るというのは、最初は大変なことだと思うよ。「妻に関心を持とう」なんて決意したって、最初は「なんか様子がおかしいわよ」と言われるだけかもね。だから、**まずは5秒だけでいい。普段より5秒よけいに奥さんを観る。**

ひつじ　これだけでもいい。観るということは、関心を向けるということだから。5秒ならなんとかなりそう。それで奥さんとの関係がよくなるなら、やってみる価値はありますね。

双雲　「観る」っていうことにも、じつはすごく深い意味がある。芸術作品などを観ることを、「鑑賞」するというでしょ。鑑賞は英語で、アプリシエーション（appreciation）。日本語の「感謝」というのは、英語にすると"appreciation"アプリシエーションなんだ。

ひつじ　あれ、「鑑賞」と同じ言葉ですね。

双雲　そうなんだよ。最初、「感謝」は英語でなんて言うんだろうと思って和英辞典を調べると、いくつかの単語が出てきた。

thank, gratitude, そして appreciation。

次に、アプリシエーションを英和辞典で調べてみると、最初に（芸術）鑑賞という意味が出てくる。あとは、正しい評価、価値を認めるといった意味。

その次あたりに「感謝」が出てくるんだ。

美術館で作品を観ることも、感謝することも、どちらもアプリシエーション。

おもしろいと思わない？

ひつじ　そうか。**観るということは、関心を向けることであり、感謝することでもあるんですね。**

双雲　だから5秒よけいに観るだけでも、何かが変わるのかも。
別に、5秒よけいに観て、「**老**《ふ》**けたな**」と思ってもいいし。口に出しちゃダメだけど……。「**いつもと髪形違うな**」とか、それだけでも新しいことが観えてくる。だから、関係が変わる。

人だけじゃないよ。たとえば、ぼくらはコップを観ていない。ここにあるコップだって、よーく観ると、**「あれ？　こんな形だったっけ？」**という驚きがあるよ。このテーブルも、ペンも、ノートも。

ひつじ　コップなんて、ぜんぜん観てませんでした。

双雲　関心を持てとか、「好奇心のアンテナを研ぎ澄ましましょう」と言われても、具体的にどうしたらいいかわからないけれど、「もっとよく観よう」「5秒よけいに観よう」ならわかりやすい。もちろん、観るだけじゃなくて、**もっと聴くこと、もっと触れることを心がけてみてもいい。**

するとね、不思議なくらい対象物が変わってくる。

ひつじ　たしかに、このコップはさっきとはぜんぜん違うもののように観えてきています。これは、コップが変わったのか、それとも自分とコップの関係が変わったのか……？

双雲　おもしろいのは、**相手を、対象物を変えようと思ったって、変**

わらないということ。
たとえば、奥さんが最近、口うるさく文句を言ってくる。それがイヤだから「なんとか変えよう」と思って言い返したりすると……。

ひつじ　わかります。かえって悪化するんです。

双雲　だよね。だから、**変えようとするんじゃなくて、ただ関心を注ぐ。５秒よけいに観るようにする。**

そうすると、奥さんが変わるんだよ。

さっき、愛情はむずかしいという話をしたよね。**愛情がむずかしいのは、「相手のためを思って」というのが、じつは偽善だからというのもある。**

愛って重いでしょう。あれは、「あなたのためを思って」と言いながら、介入して、干渉することで、相手を変えようとしているのが伝わるからだよ。

もちろん善意からなんだけれども、Ａである相手をＢに変えようとしている。

これは、相手に関心があるようで、じつはそうでもない。Ａはイヤ、Ｂがい

いという、自分の感情に関心があるだけなんだ。

ひつじ　愛情は偽善になりやすい。だから扱いがむずかしいわけですね。かえって反発を招いたりすることもあるし。

双雲　だから、ただ相手を観ること、ただ相手に関心を向けることのほうが、相手を変える、あるいは、相手と自分の関係を変えてくれることがあるわけ。

ひつじ　なるほど。**「観る」っていうことには、本当に深い意味がありますね。**

プチPoint

「観る」ということは、「関心」を向けることであり、「感謝」することでもある。

相手との関係を改善したいなら、相手を変えようとするよりも、今までより相手をよく観て、可能なら、聴いて、触れることを心がけるほうが効果が上がる。

Lesson 2
幸せの取扱説明書

幸せが“好んで集まる場所”を知って たっぷり幸せのなかに身を置く!

幸せってなんだっけ?
幸せは、まるで生き物のように
「環境」を選んで集まる!

11

純粋な「降ったらいいな」という思いが四方八方から幸雲を呼び寄せる

みんなと楽しんで喜んでいたら奇跡が起きた！

ひつじ

双雲

ひつじ　以前に、双雲さんは雨が好きだという話がありましたけれど……。双雲さんは、雨雲を呼んだことがあるらしいですね。

双雲　**あるよ。**

ひつじ　えっ、本当に？
「まさか、そんなことあるわけないよ」っていう返事を予想していたんですが。事実だとしたら、スピリチュアル体験というやつですよね。

双雲　カリフォルニアの田舎町で友人が個展を企画して開いてくれたときのこと。
ぼくが行ったのは6月だったんだけど、ちょうどカリフォルニア全体が干ばつでね。約半年間、雨が降っていなかった。

ひつじ　日本では梅雨のシーズンか。カリフォルニアは雨が嫌いな人にとっては最高の気候ですね。

双雲　そうだね。
ぼくも「洗濯物がよく乾くのはいいな」なんて思っていたんだ。雨も雲も好きだけど、雲一つない青空だって、それはそれで気持ちがいいものだしね。でも、地元の人に話を聞くと、水不足で困っているという。

ひつじ　そりゃ、半年間も雨が降らないと、水不足にもなりますよね。そこで双雲さんが立ち上がったと。

双雲　**どうせなら、みんなが喜ぶ楽しいことをしたいと思ってね。**「なるほど、水不足ですか。わかりました。**ぼくは名前がダブルクラウド（双雲）だから、雲の友達がいっぱいいる。連れてくるよ**」と言ったんだよね。

ひつじ　で、どうやって雨雲を呼んだんですか？

双雲　個展のオープン前夜に小さなパーティーのようなものがあった。そこで、**「よし、雨乞いの儀式をやろう！」**って思いついた。

ひつじ　儀式？

双雲　ちょっとした感謝祭のつもりで、少人数で雨や雲の神様に手を合わせて感謝したんだ。

ひつじ なるほど。

双雲 次の朝、起きたら「おーい、先生!」と叫ぶ声が聞こえる。なにごとかと思って外に出たら、スタッフが空を指さしているんだ。見ると、雲が集まってきているんだよ。

ひつじ その小さな町に向かって?

双雲 そう。それまで雲一つなかった空に、ただ雲が出てきたというんじゃない。**あきらかに四方八方から雲が集まってきている。**

ひつじ えー? にわかには信じがたいですが。

双雲 それはそうだろうね。町の人たちも、「こんなに雲を見るのは久しぶりだ」と驚いていたよ。

ともかく、その日は曇り空の下、予定どおりに個展のオープニングパーティーを開いた。けっこうな人が集まってくれて、最後にパフォーマンスをすることになった。

こう、道路に長さ20メートルの紙を広げてね。集まってくれた人たちにひとりずつ好きな言葉を聞いて、それを紙に書いていく。

「あなたの好きな言葉はなんですか?」

「プライド　Pride　だ」と言われたら「誇」。「ハピネス　Happiness」だったら「幸」と、一文字の漢字に直して書いていく。

だいたい20文字くらい書いたところだったかな。ポツン、と雨粒が紙の上に落ちたんだ。

ひつじ　半年間、雨が降っていなかった町に、ついに。

双雲　みんな、「え?」となったよね。さらにパフォーマンスを続けて、最後の一文字を書き終えるころには、ポツポツと、完全に雨が降りはじめていた。
そして、紙を片付けたところで、ついにザーッと本降りになった。

ひつじ　本当に降らせちゃったんですね!

双雲　みんなに「ありがとう」と言われたんだけど、ぼくもびっくりだよ。「マジで降ったね」と。あの時の雨のにおいは今でも忘れられないなぁ。

ひつじ　人知を超えていますねぇ。

プチPoint

幸せは、「多くの人を喜ばせたいな」という思いに集まる。そして人間の思いのエネルギーは、植物をよみがえらせるのと同様に、気象現象にさえも影響を与え、動かす。

12

私たちは毎日、何かと縁をつくり、何かをたぐり寄せている

幸運と縁を結ぶ、いつでもどこでもできる小さな習慣

双雲　その町ではもう一つ、おもしろいことがあってね。そこにちょうど通りかかったお兄さんが、「何してるんだ？」と聞くから、「個展をやっているんだ。雨が降ってよかったね。ぼくの名前、**クラウド**なんですよ」と答えた。そうしたら、そのお兄さんも「ぼくも雲が好きだ。**娘の名前をクラウドにしたくらい**」だと言う。

ひつじ　なんでも、ＮＡＳＡで雲の研究をしている専門家で、普段はハワイに住んでいるのに、そのときはたまたまこの町に遊びに来ていたんだって。これまた不思議なことが起きましたね。

双雲　まだある。個展に感激した男性がパーティーに誘ってくれた。山の上にある大きな家で、牧場も持っているワイナリーのオーナーの家なんだけど。そのオーナーの名前が**クラウドマン**だった。

ひつじ　すごい。ちょっと怖くなるぐらいですね。奇跡というか……。

双雲　奇跡という言い方がふさわしいかどうかは、わからないけれどね。小さいころから雲が好きだったから、なんとなく雲と相性がいいのは自分でも感じる。北海道の雪原でNHKの特番の撮影をしたときも、「大雪で今日の撮影は無理かな」と思っていたら、ぼくがクルマから降りたとたんに、ぽっかり雲の隙間ができたしね。雲関係では奇跡というか――良縁、と言ったほうがいいかな。そんなことがいっぱいあるよ。

ひつじ　**たぶん、ぼくが雲に関心を向けているからだろうね。**

関心を向ければ、対象が変わるという話ですね。

双雲　そう。だから、**いわゆる「引き寄せの法則」も間違っていない、**
関心を向ければ、奇跡のような良縁も巡ってくる？

とぼくは思う。

ひつじ　そういうのは懐疑的な人も多いですよね。

双雲　「引き寄せの法則」というと、何か特別なものを引き寄せることをイメージするじゃない？　それこそ、「奇跡」といわれるようなすごいことが起きるような。

だから、「そんなことあり得ない」と思う人も多いんだろうね。

でも、考えてみると、みんな何かを引き寄せて生きているでしょう。

友達や恋人と知り合ったのもそうだし、今の仕事に就いたのも、日本に生まれたのも、もっと言えば、お父さんとお母さんが出会ったのも、すべては引き寄せでしょ。

誰もが毎日毎日、何かの縁を引き寄せている。

ひつじ　うーん、たしかにそうですね。

双雲　そう考えると、あの日、雨が降ったことは、別に奇跡ではないよ。毎日たぐり寄せている縁の一つだよ。

ひつじ　でも、やっぱり奇跡的ですよ。

双雲　じゃあ、奇跡かもしれない。でも、だとしたら、**奇跡は特別なことじゃない。すべての縁が奇跡なんだ。**

ひつじくんのご両親が出会ったのも縁。それを奇跡と呼んでもいいってことじゃないかな。

プチPoint

幸運は、突然、関係のないところに降ってくるものではない。縁をたどって、縁のある人のもとに訪れる。

一方、人間の思いは、つねに関心を寄せているものを引き寄せる。

だから「今、ある幸運に目を向ける」ことが、新たな幸運との縁をつくり、幸運を引き寄せる方法となる。

13

シロアリが地球を守っていた!?
意外なものが、ビッグな幸運を
もたらしていることもある

イヤだ、気持ち悪い！　なんて言って
幸運を自分から追い出していない？

双雲　そういえば、この間、熊本に行ったときにも不思議なことがあったんだよ。

ひつじ　また何か引き寄せましたか？

双雲　山奥に、不思議な水源があるんだ。何日か大雨が降ったあとなのに濁《にご》っていない。水源のそばには売店があって、奥がカフェスペースになっている。営業しているのかな？　とのぞき込んだら、「よかったらどうぞ」と言うので入っていった。そこで70歳くらいの男性が2人、話し込んでいてね。

ひつじ　不思議な雰囲気ですね。仙人でもいたのかしら。

双雲　実際、2人の話していることがどこか浮世離れしていて、「自律神経が……」とか、「波動が……」「宇宙の気を取り入れて……」なんて話が聞こえてくるんだ。町内会の話とかじゃなくてね。

ひつじ　ますます不思議ですねぇ。

双雲　しかも、そばにあった黒板に何か描いているなと思ったら、雷を分子で説明する図なんだよ。雷が起きたときにNH_3と言っていたからアンモニアかな。

とにかく、それが発生して、空気中の分子が化学反応を起こすことで土に栄養を与えるんだって。雷はとても大事なんだと。

ひつじ なんですか、それは。

双雲 **ちょっとワクワクするような話でしょ？**

興味津々で、耳だけ向けて聴いていたら、しばらくして向こうから、「すみません、武田双雲さんですね」と話しかけられた。

男性のひとりは、10年前にぼくを取材したことがある熊本の記者さんだった。個展にも来てくれたことがある人。

彼がもうひとりの男性を「紹介したい」というので、引き合わせてもらったんだけど、この人がすごい人でね。40年前から有機農法、オーガニックの研究をしているという、その世界では先駆けの人だった。

アフリカやオーストラリアで、無農薬で、土を耕すこともしないで収穫量を10倍にするとか、すごいことをやっている人だったんだ。

ひつじ　オーガニックカフェを開いている双雲さんが、そういう人と偶然に出会ってしまったわけですね。

双雲　それから1時間くらい、その人の「講義」を聴かせてもらったよ。
農業の話、自然の話……。
とにかく熱い人でね。そのときもアフリカから帰ったばかりだと言っていた。アフリカでは年間5万円くらいで生活しているんだって。虫、たとえば、そこらへんの蜘蛛《くも》も食べるし、それで十分暮らしていけるらしい。

ひつじ　**ひつじくん、シロアリって、どういうイメージ？**
いきなりシロアリですか？　そりゃ、家の柱やなんかを食い荒らしてしまう害虫だと思いますけど。

双雲　ところが、このとき聞いた話がおもしろくてね。
「シロアリが、じつは地球を守っている」んだと言う。

ひつじ　シロアリが？　地球を守っている？

双雲 人間は勝手にシロアリを害虫って呼んでいるけど、じつはシロアリは**朽木を食べて、分解して、森を再生させている。しかも空気中の窒素を取り入れたりして、あまりエサがなくても生きていける仕組みを持っている。**

だから、シロアリはこれからの地球にとって、とても大事な存在なのに、人間は**シロアリ=駆除すべきもの**、と考えてしまっている。

ひつじ そういうのも、ゴキブリを嫌っているのと同じで、文化なんでしょうね。

双雲 そもそも益とか害とか、メリットとかって、なんなんだろうと思うなぁ。

人間の視点から見たら、わけがわからないことは、まだたくさんあるんだよ。

細菌のなかには、超高温度の環境に棲《す》むやつもいて、そいつはマグマに熱せられた熱水が噴き出すような何百度という場所で生きている。生きていくために酸素も水も必要としていない。

どうやって生命を維持しているのか、仕組みもよくわかっていない。

ひつじ それも不思議ですねえ。なんでそれが生きているってわかったんですか?

双雲　科学的には、エネルギーを代謝していれば生命といえる。でも、その仕組みについてはまったくわからず、お手上げなんだよ。

まだまだ、ぼくらが知らないことは、科学の世界にもいっぱいある。

だから、簡単にこの生き物は害があって、この生き物は益をもたらすなんていえない。**宇宙全体で見たら、何がよくて何が悪くてなんて、もっと簡単にはいえない。**もちろん、人間だってわからないことだらけでしょう。

ひつじ　**先入観や植え付けられたイメージから一度、距離を取ることが大切ですね。**

プチPoint

幸運は、思いがけない形をしていることがある。お金、成功、名声、結婚、健康、祝い事……だけが幸せだという思い込みから離れよう。

14

情報があふれる社会で迷わず幸運をキャッチするコツ

ニュースや広告は、
不安に意識を向けさせる空襲警報！

ひつじ　双雲さんのように**元気に、楽しく生きるには、いろんなものに関心を向けることが大切**ですね。

双雲　人間と人間がつくる社会のほかに、自然にも。宇宙だったり草だったり。そうだね。**どこに意識をもっていくか、何を観ているか**というのが重要。別に大自然の中に行かなくてもいい。**手近なもの、今目の前にあるものを観て、聴いて、味わって、触って。**

ひつじ　流行《はや》りのマインドフルネスですね。**今、ここに意識を集中する。**

双雲　なるほど、通じるものがあるかもしれない。
マインドフルネスが流行るっていうのも興味深い。
忙しいビジネスマンが、みんな「今、ここに注意を向ける」っていうやり方を、ちょっといいなと感じるわけでしょう。
ということは、つまり、みんな今に生きてない。「今、ここ」を感じていない。マインドフルではないってことでしょう。

ひつじ　将来、どうなるのかなとか、なんであんなことをしたんだろうとか、過去の反省と未来の不安にとらわれてしまう。

過去と未来にとらわれてる間は、今を生きていないわけですね。なんでとらわれちゃうんだろう。よくないとわかっているのに。

双雲　それは、やっぱり情報化社会だからだと思うよ。

ひつじ　情報化社会と関係がありますか？

双雲　大いにあるよ。**情報化社会というのは、基本的に「不安社会」だから。**

ひつじ　不安社会？

双雲　情報化社会では、大量の情報が流れてくる。そのなかで、みんなの関心を引きつけるのはどんな情報か？　それはネガティブな情報。

一番わかりやすいのはニュースだね。

たとえば、「4丁目の田中さんは、今日も平和な一日を過ごしました」。

これはニュースになる？

ひつじ　ならないですねぇ。

双雲　ポジティブなニュースはつまらない。みんなの関心を引かない。**ニュースになるのは、火事とか、殺人とか、ミサイルとか……。**

ひつじ　自然災害とか。

双雲　そう。**そのほうが視聴率を稼げる。**

「日比谷公園では、木が生い茂って今日も、セミが鳴いています」というニュースはつくれない。もしこんなニュースを流したら、「小学生の絵日記じゃないんだから」と怒られるだろうね。

ニュースだけじゃないよ。ぼくはよく言うんだけど、学校で学んだ世界史とか日本史って、すごく偏《かたよ》っている。

ひつじ　おっ、いわゆる歴史認識問題というやつですか？

双雲　ではなくて。**歴史って何かといったら、重大ニュースを編纂《へんさん》し**

たものでしょう。

毎日、ニュースはあるけど、そのなかでも特に大きなニュース、戦争とか、王様の暗殺とか。ものすごい大発明とか。

いわば、ニュースのなかでも百年単位、千年単位で高視聴率だったものだけをよりすぐってまとめたもの。それをぼくらは歴史と呼んでいる。

歴史の教科書にちっちゃいニュースは書いていないでしょう？　まして、そこらへんのおじさんが平凡な一生をまっとうした話は……。

ひつじ　絶対に書いてないですね。

双雲　**人類にこれまで起きたことのなかで、0.000000 0……1パーセント以下くらいの、刺激的な超ビッグニュースだけをまとめたものを歴史だと思っていると、危険だ**とぼくは思う。

実際には人類の歴史のほとんどは、ニュースになるようなことは何も起きて

いない。そりゃ、いいことも悪いこともいっぱい起きているけれど、よくも悪くも平穏で、平凡な日々が過ぎている。

稀《まれ》で少ないからこそ、世界の歴史をたった1冊の本にダイジェストできるわけですね。

ひつじ　一人ひとりの人生だって、ほとんどは何も起きていない日々、何も起きていない時間なんだよ。

双雲　でも、ぼくらの脳はやっぱり刺激的なことを優先的に記憶する。たとえば、親に**すごく怒鳴られたこと**は忘れない。

その一方で、ご飯を食べさせてもらったこと、お風呂に入れてもらったこと、おむつを替えてもらったことは、いちいち覚えていない。いくつかの刺激的な記憶をもとにして「自分は親に愛されなかった」とか、「親は冷たかった」なんて思ってしまう。

これは、仕方がないことなんだ。ヒトの、というより、生命体の歴史は、つねに敵に襲われて捕食されるという歴史だったから。ネガティブ情報が優先なのは当然。生命維持の仕組みとしてはそれでいい。脳がネガティブ情報を重視するのは正しい。

ひつじ そうですね。ライオンのテリトリーに近づいたり、仲間に嫌われて群れを追い出されたりしたら、生きていけないわけですから。

双雲 問題は、草原でライオンと追いかけっこしていた時代じゃなくて、これだけの情報化社会になっても、脳はまだそういう古い仕組みのままだってこと。ネガティブ情報に敏感な脳に、1万年前、千年前、百年前とも比較にならないくらい、大量のネガティブ情報が流れてくる。そのたびに、脳はネガティブ情報に反応する。「大変だ！」「ライオンが出た！」って。つまり、**情報化社会っていうのは、脳にとっては、つねに空襲警報が鳴っているような状態**だよ。

ひつじ それはつらい。戦争中だって、空襲警報はつねには鳴っていないですよね。

双雲　大げさかな？　セコムでもいいけど。

ひつじ　いずれにしても、つねに警報が鳴っているんですよね。たしかに、そうだなあ。四六時中スマホを見て、不安になったり、怒ったり、驚いたり……。

双雲　ネガティブ情報は、ニュースという形を取るばかりじゃないからね。SNSの炎上騒ぎかもしれないし。**広告だって、じつは一つひとつが警報なんだよ。**

保険の広告は「いざというとき、お金がなかったら大変だ！」と叫んでいるし、化粧品の広告は「そんな顔で歩いてたら、大変だ！」と言っているし。

「みんなが持っているものを持っていなかったら、大変だ！」とかね。

今じゃ、スマホに地元の「不審者情報」まで流れてくるんだから。

ひつじ　そうですね。

双雲　でも、情報を流す人たちだって、よかれと思って流しているわけ。だから、そういうものだと思って、**見なければいい。**

何か事件が起きたら、テレビは同じニュースを何回も流す。早起きした日にテレビをつけっぱなしにしていると、5時のニュース、6時のニュース、7時のニュースがまったく同じだったりする。**それは逆に言うと、それ以外には、ニュースに値するような刺激的な出来事がないということ。**

多少不安を煽《あお》るくらいの広告でないと、ものが売れないほどみんなが満ち足りているということでもある。そこに、まず気づくことが大切だろうね。

ひつじ　なるほど。**つねに脳内で警報が鳴り続けて、今を生きることができないのは、自分がネガティブなほうに意識を向けてしまっているから**でもあるんですね。

双雲　だから、話は戻るけれど、**価値基準をフラットにして観たらいい**んじゃないかな。

結局、全部、原子や分子なんだから。価値があるものとないもの、重要な情報とどうでもいい情報……とかの区別をフラットにして観る。

ひつじ 自分と他人、自分と外の世界を区別しない「赤ちゃんシステム」ですね。

双雲 そうだね。**赤ちゃんは、つねに今を生きていて、ものごとをフラットに観ている。だから疲れない。**

ぼくらは全員、もともとは赤ちゃんだったんだから。戻れはしないにしても、赤ちゃんシステムを再インストールすることはできるはず。赤ちゃんに戻るのに努力も積み重ねもいらない。

ひつじ うーむ。たしかに、戻ることはできるかもしれませんね。

プチPoint

取り立てて何も起きない平凡な日常や、今ここに意識を集中できる状態こそ、幸せ。

ニュースや広告は、ネガティブな情報が多く、不安にさせて幸運を遠ざける一面がある。ネガティブに傾いた意識を、ニュートラルに戻すために、いろいろな情報をフラットに取り入れよう。

15

成功イコール幸せではない。イチロー選手も北野武さんも、幸せではなくて苦しかった

どれだけ成功しても、
競い合っている限り、苦しみは続く

双雲　最近、久々にゲームにハマったんだよね。

ひつじ　ゲームですか？　意外ですね。

双雲　ニンテンドースイッチのARMS《アームズ》っていう格闘スポーツのゲームなんだけど。オンラインで世界中の人と対戦できる。ゲームの世界って、オタクたちが世界中から集まって研究して、腕を競い合ってる。だから、うまい人は本当にうまい。このゲームにはランキングもあるし、大会もあるし、カリスマプレイヤーもいる。

ひつじ　eスポーツでしたっけ？　最近は、ゲームもスポーツのように競技化していますね。そんなにおもしろいですか？

双雲　そうだね。ハマってみて気づいたことがいろいろあるよ。ぼくは初心者だから、上を見ると、とんでもなく高いピラミッドがそびえ立っているわけ。そりゃ、ちょっとずつうまくなってはいるし、どんどんランクは上がってはいるけれど。

ひつじ　上にいくほど強敵だらけになるわけですよね。

双雲　そう。最近は10回やって2回勝てればいいくらいだね。負けると、とにかく血圧が上がるんだよね。悔しいから。

ひつじ　双雲さんでもそんなことがあるんだ。

双雲　そりゃそうだよ。手に汗握って戦って、勝ったらホッとする。負けたら本気で落ち込む。

ひつじ　大げさですね。遊びじゃないですか。

双雲　ぼくは今まで、勝ち負けとか、競い合いとか、そういう感覚で生きてこなかったから、勝ち負けに慣れていないんだろうね。勝ち負けにともなう感情の動きにも慣れていなくて、自分を抑えることができない。**負けると、自分を責めるんだよね。「俺、だめだな、下手だな」**って。

ひつじ　負けたときの劣等感ですね。

双雲　あと、勝ったときの優越感。ランクが下の相手に勝つと、もう**「ハハハハ、見たか！」**って感じ。でもランクが下の人に負けると最悪だね。**「俺様が格下に負けるなんて！」**とか、思っちゃうんだよね。

ひつじ　双雲さんにとってそれが新鮮なんですね。普通の人はみんなやってますよ。

双雲　だろうね。スポーツの世界では、競争があって勝ち負けがある、そしてランキングやピラミッドがあるのが普通だ。

芸能界だってそうだし、受験勉強だってそうだし、ビジネスもそう。

ぼくは今まで、こういう感覚を知らなかったから、すごく新鮮に感じた。

ひつじ　やっぱり双雲さんは変わっていますね。

双雲　うちの母親もね、その話をしたら、「大智《だいち》にもそういうところがあったんだねぇ」って言うんだ。あ、大智っていうのは、ぼくの本名ね。

ひつじ　お母様から見ても、競争とは無縁の息子さんでしたか。

双雲　でも、息子のぼくから見ると、母こそ不思議な人でね。

ひつじ　母は、すごく負けず嫌いな性格だと思うんだ。だから「いや、俺の負けず嫌いはかあちゃんの遺伝子だよ」って言ったら、「あ、そう？」なんて言うんだ。

双雲　双雲さんのお母様も書道家ですよね。やっぱり、負けたら本気で落ち込んじゃうタイプですか。

ひつじ　ところが、負けず嫌いなのは間違いないけど、ぼくの記憶する限りでは、母こそ誰とも競争をしていない。競争とは無縁な人なんだよね。

双雲　負けず嫌いで、競争も嫌い。それは不思議ですね。

ひつじ　だから、聞いたの。「かあちゃんって、どぎゃんやったと？」って。

双雲　負けず嫌いなのに、書道でもなんでも、誰とも競争はしないとは、どういうことなのかって。

母が言うには、「中学生までは私は自信満々だった。高校のときに挫折した」と。高校に入ったら、モテる人、かわいい人、勉強ができる人、特技がある人……いろんな人を見て、完全に「これは無理だ」と思ったんだって。

ひつじ　かなわないってことですか。

双雲　そう。**「それが、競争をやめようと思ったきっかけ」**だそうだよ。そこからの人生では競争をしていないんだって。

つまり、ぼくは「天然」で、競争なしの人生をたまたま生きてきた。それに対して、母親は**競争しない人生を自ら選択した**。おもしろいでしょ。

ひつじ　はい。つまり、双雲さんみたいに生まれつき競争と無縁じゃなくても、**競争しない人生を選択することもできる**と。

しかも、お母様は結果として書道家として成功されてお弟子さんもたくさんいらして、息子さんもこんなに立派になられて幸せに暮らしていますものね。

双雲さんは、競争についてどう思います？

双雲　決して競争が悪いものだとは思わないけれど、**誰にでも向いているかというと、そうではない**ということだよね。

イチロー選手がどこかで言っていた。1本ヒットを打つと、吐《は》き気が止まるんだって。つまり、ヒットを打つまでは、つねに吐き気との闘いなんだよ。失礼かもしれないけど、それを聞いたときには、ぼくにはちょっと意味がわからなかった。

だって、つねに苦しいんだよ。メジャーリーグで試合に出るだけでもすごいことでしょ？

でも、ヒットを打ったって苦しみが和《やわ》らぐだけ。すぐにまた吐き気や苦しみがやってくるんだよ。

ひつじ うーん……。マイナスがゼロになるだけ、ってことですね。

双雲 うまくいくと苦しみが取れて楽になる。でもまた苦しみがやってくる。勝利、成功という痛み止めでしか楽になれない。それを何年も続けるんだから……、そりゃあ、スポーツ選手には強靱《きょうじん》な肉体と精神が必要なわけだよ。

ぼくの生き方は、強靱な肉体や精神はいらない。がまん強さもいらないんだよね。

ひつじ　ぼくは、どっちがいいかといえば、双雲さんみたいな生き方がいいです。わかってると思うけど、イチロー選手や、ほかのスポーツ選手たちの生き方がダメだと言っているんじゃないよ。そういう過酷な世界で生きているからこそ、見ているとすがすがしいし、かっこいい。みんなに尊敬される。日本人は特に、そういう人たちが好きだよね。たまたま、ぼくはそういう世界を生きてこなかったというだけでね。

双雲　でも、書道は長年続けてきたじゃないですか。

ひつじ　**振り返ったら、「長いことコツコツやってきたな」という感じだなぁ。コツコツやろうとか、がんばって続けようとは思ったことがない。**

双雲　じゃあ、「こういう書道家になりたい」とか、「日本一の書道家になる」みたいな目標もなかったんですか？

ひつじ　**ないね。目標を立てて、それを達成したときの喜びが原動力だという人は多いよね。スポーツ選手でも、起業家でも。**

ひつじ　「お金でもなく、世間の称賛でもなく、自分が感じる達成感がすべてだ」なんて、よく言いますよね。

双雲　その感覚がなかった。それこそ、今回ゲームにハマってはじめてわかったくらいでね。

ひつじ　3連勝したりすると、「達成感って気持ちいいな」と思うよ。でも、次で負けたら、「はぁー」って急激に落ち込んでしまう。

双雲　そう考えると、やっぱり達成感と幸せとは、別もののような気がしてきます。

イチロー選手と北野武さんが対談本（『イチロー×北野武キャッチボール』北野武「キャッチボール」製作委員会著、ぴあ刊）を出していて、そこでたけしさんが言っていたことなんだけどね。

みんな、「たけしやイチローは成功して幸せなんだろう」と思っている。

でも、それは勘違いしている。自分たちは幸せなんかじゃない、苦しいんだって。

ひつじ　つまり、あれほど成功している人たちでも、成功と幸せとは別ものだと。

そこをちゃんと分けることが、肝心ってことだね。

双雲　**ぼくらは、そこをごちゃまぜにしてきたんじゃないかな。**

なんとなく不幸感があって、苦しくて。

何かを達成すれば、成功すれば、認められれば、高評価を受ければ、夢が実現すれば……というように、**何かを獲得すれば、この苦しみが取れて、幸せになれるという幻想にとらわれている。**

それは違うと思う。**成功すれば一瞬の達成感はあるけれど、それは砂浜に水を撒いているようなものなんじゃないかな。**

プチPoint

勝利や成功、目標達成の先に幸せがあるとは限らない。「競争をしない生き方」はあるし、競争に勝たなくても幸せになれる。今から、そういう人生を選んで幸せになることもできる。

16

サンタクロースと幸せな人の見逃せない共通点

HO HO HO!
自分にできることを楽しくやって、
あとは気にしない!

ひつじ 一つ疑問があるんですが。双雲さんだって、**仕事には結果を求められる**でしょう？　たとえば、お店の看板用に書いてくださいと依頼されたときとか。

双雲 もちろん。

ひつじ 仕事、ビジネスといってもいいですけど、そこでは「期待に応えなければいけない」「結果を出さなければいけない」というプレッシャーがあるものじゃないですか？

双雲 **それは、頼んでくれた相手を喜ばせたいとは考えるよ。めちゃめちゃ考える。**考えるけど……、**サンタクロースっているでしょ。**

ひつじ **……？**　はぁ。

双雲 サンタクロースは「子どもたちの期待に応えなきゃ」「今季のクリスマスも結果を出さなきゃ」ってプレッシャーを感じているんだろうか？

ひつじ まさか。

双雲 どっちかっていうと、ホッホッホー♪　みたいな感じでしょ。

ひつじ　そりゃ、サンタさんですからね。

双雲　ぼくらだって、恋人にあげるプレゼントを選ぶとき、「何がほしいんだろう？　わからん。苦しい……」なんて感じないでしょう。

でも、大切な人にあげるプレゼントを選ぶときって、脳がフル回転して、すごいエネルギーを使っているんだよね。

「何をあげたら喜んでくれるかな？」って、わくわくしながら、すごいクリエイティブなエネルギーを炸裂《さくれつ》させているわけだ。

ひつじ　たしかに、何軒もお店を回るのも苦にならないですよね。むしろ楽しい。

双雲　書くことを頼まれても、ぼくは相手を喜ばせたいというのが先に立つから、もうさっそく書きたくてしょうがない。

こんなふうに書いたら喜んでくれるぞ、っていう楽しさがあふれ出す。

ひつじ　サンタさんのホッホッホー♪状態だ。なるほどねぇ。

双雲　そう考えると、ぼくも目標を持っていないわけではないんだな。

仕事

だって、仕事を頼んでくれた人を喜ばせたい、というのは目標だもんね。
目標っていうのは標《しるべ》、あくまでもどっちに進むかの目印で、それにとらわれるようなものではなかったはずなんだよね。

プチPoint

「幸せ」は自分にできることをワクワク楽しみながらやる人が好き。結果を求めてプレッシャーとストイックに闘う人は、「成功」には好かれるが、「幸せ」に好かれるとは限らない。

17

目標まで楽しくがんばれる人、つらく感じてしまう人。何が違うの？　まさかそこ⁉　思いもよらぬ境界線

幸運には〝その場〟のエネルギーも影響する！

ひつじ　目標があるというのは同じでも、プレゼントを選ぶときのように、楽しく仕事をできる人もいれば、吐き気や胃痛に悩む人がいる。経営者なんて後者のほうが圧倒的に多いと思いますけど。それはどこで分かれるんでしょうね？

双雲　うーん。**環境が大きいかもしれない。**

ひつじ　環境？

双雲　ぼくの知り合いが、東京で美容室をやっているんだけど、本当に大変。競争が厳しいなかで、寝ずに努力していかにブランドを確立できるか、という世界でしょう。だから、友人のいた労働環境もいわゆるブラックに近かった。新人の美容師さんなんて、シャンプーのやりすぎで、手荒れが治るヒマがないっていわれますよね。

ひつじ

双雲　ところが、湘南の、うちの息子が行っている美容室なんて、急に休んだりする。張り紙がしてあってね。**「いい波が来てるので休みます」**とか**「バリ島に波乗りに**

行ってきます」とか書いてある。

ひつじ　たしかにこの湘南あたりは、東京近郊なのに雰囲気が違いますよね。のんびりしていて自由というか。街中をサーフボードを抱えた人が歩いていて。

双雲　人間って、環境にすごく影響を受けると思うんだ。それは、環境適応能力があるということも含めてね。
もしかすると、**努力したり、目標を設定したり、計画したり……ということより、環境を正しく選ぶことのほうが大事**かもしれない。

ひつじ　それはくわしく聞きたいお話ですね。

プチPoint
意外にも、幸運は「環境」に左右される。事件やニュース、広告などのネガティブな刺激の多い土地や環境は、幸運を引き寄せにくいかもしれない！

18

自分らしく幸せに働くために。会社ではなく、ココから選ぼう！

自分が幸せに働ける環境で、
いい仕事はきっと見つかる

ひつじ　それでは、環境を正しく選ぶ、というのは？

双雲　ワークライフバランスも大切だし、ストレス対策のために瞑想《めいそう》するのもいい。マインドフルネスとか、ポジティブ思考とかも大事だとは思う。でも、たとえば東京みたいな都会でそうした努力をするよりも、**サクッと海を見に行ったほうが効果はあるかもしれないと思わない？**

ひつじ　うーん。たしかに。

東京から双雲さんの教室がある湘南へ来ると、なんだかほっとします。気持ちが穏やかになってゆったり安らぐ。

双雲　でしょ？

東京でずっとがんばってうまくいかなかった人が、たとえば宮崎に引っ越したら、**いきなり幸せになれるかも**しれない。

ひつじ　うん。そういうことはあり得ると思いますよ。

ただ、ちょっと田舎に遊びに行くくらいならともかく、住む場所を変えるのは簡単ではないですから。

双雲 もちろん、いつでも誰でも、簡単に働く場所を変えられるとは限らない。**でも、まず考え方を変えてみたらどうだろう。**

「キャリアアップのための転職」とか、「別の会社に移ることになっても通用するスキルを身に付けよう」とか、考えている人は普通にいっぱいいるよね。

ひつじ はい、そういう人たちがビジネス書の読者です。

双雲 仕事を変えたり、会社を移ったりするのは普通のことになってきて、それなりに転職の自由度は上がっている。

だったら、**幸せになるために「会社を選ぶ」ではなく、「働く場所を選ぶ」と考える人も、もう少し増えてもいい。**

実際に、環境を選びやすくなっているはずだと思うんだよね。

ひつじ なるほど。**転職とかキャリアチェンジじゃなくて、環境チェンジ**ですね。

双雲　そうそう。少し前、ひどい就職難だといわれていたころに、全国の企業を講演で回っていて気づいたんだ。

たしかに当時、都会では就職先がなくて、就活学生が100社受けても内定がまだ取れないような世界だった。

ところが、四国や東北に行くと、伸びている企業がいくらでもある。しかし、人手が足りない。「いくら募集しても人が来ないんだよ」と困っている。

そんなところに若い人が入ってくれたら、大歓迎されるのにね。

目をこらして見れば、ステキな会社が世の中にはたくさんある。

ということは、自分が幸せに働ける環境で、仕事はきっと見つけられる。

仕事がないからといって、都会にしがみついている必要はない。

ひつじ　情報化社会のはずなのに、意外とみんな視野が狭くなってしまってるのかな。

双雲　情報化社会だから、かえって〝知った気〟になってしまって、「そんなうまい話はない」と、たかを括《くく》ってしまうのかもね。自分の体感の裏づけがないのに、正しいと思っちゃう。

ぼくの知人でも、東京でITベンチャーを起ち上げて経営していたんだけど、熊本の田舎に家族で移住した人がいるよ。

ひつじ　最近は、Uターンや I ターンを歓迎している自治体がたくさんありますよね。

双雲　**その知人も自治体に歓迎されているから、東京に比べてぜんぜんお金がかからない。年収300万円でも十分豊かな暮らしができる。**

ある日熊本の山奥の村を訪ねていったときは、地元の小学校を見せてもらった。とても小さな小学校で、児童は20人しかいない。

でも、そこに先生が2人付く。10人にひとりだよ。全学年が同じ部屋で授業を受けて、いつでも年の離れた子と一緒に活動できる。iPadが支給されていて、2人の先生で手が回らない科目についてはリモート授業を受けられる。

もちろん、周りは自然でいっぱい。イノシシが撃たれたらみんなで見に行って、その場でイノシシがさばかれるところを見て、鍋にして食べる。

ひつじ　いろんな考え方があるとは思うけど、素晴らしい教育環境だよね。

双雲　都会ではあり得ない体験ができますよね。

ひつじ　田舎で暮らすのもいいかもしれないなぁ。

双雲　今はインターネット通販があるから不便じゃないし、車で30分も走れば、ショッピングモールもあるしね。

ひつじ　なんだか、東京で働くメリットがわからなくなってきました。

双雲　通勤時間が長くて、物価が高くて、家が狭くて。仕事だって、必ずしも東京のほうが恵まれているともいえない。

ひつじ　特に満員電車はつらいですね。あれ、なんとかならないのかな。この便利な時代に、奴隷船より詰め込まれてるじゃないですか。

双雲　たしかに。だから、田舎がいいといっても、おすすめできないパターンがある。たとえば、「東京に職場があるんですけど、湘南はいいところだから引っ越したい」という人。だって、毎日、湘南から東京へ通わなければいけないから。
通勤時間や距離が長くなるんだったら、あまり住む意味はないと思う。

ひつじ 環境のいいところに住んでも、長時間通勤の苦痛でそのメリットは相殺《そうさい》されてしまう、ってこともありますよね。

双雲 そう、そういうことも含めて、「ライフワークバランス」だと思うんだよね。

ひつじ ついつい、どんな仕事をするかとか、どの会社で働くかとかばかり考えてしまいがちだけれど。**どこに住むか、どこで働くかって、とても大事ですね。**

プチPoint
住む場所、働く場所の環境は、思いのほか大事。
会社や仕事内容を変えるより、住む場所を変えるほうが、早く簡単に幸福になるかも！

19

自分が幸せになれる地は、どうやって見つけるの？

頭で考えてもわからない！
自分に合う新天地を見分ける、
たった一つの方法

双雲　じつはぼくも、カリフォルニアに引っ越そうかと思っているんだよね。

ひつじ　本当ですか。カリフォルニアは、双雲さんが雨雲を呼んだところですね。

双雲　いろんな国に行ってみるのは、自分に合う場所を見つけるためでもあるんだよね。

あちこち見て回ったけれど、ヨーロッパはぼくには合わなかった。伝統と文化が長くて重すぎる、というのかな。素晴らしいことなんだけど、ぼくには少し息苦しい。それは日本と似た息苦しさだね。

その点、アメリカはいい意味でゆるい。

あと、カリフォルニアは蚊がいないのもいいなぁ。外でずっとハンモックに揺られていても刺されない。

ひつじ　そうですか。双雲さんの好きな雨は少ないみたいですけど。

双雲　アメリカはどうにも合わない、居心地が悪いという人も、もちろんいると思う。トルコがいいという人もいるし、いろんな国を回ってみて「やっぱり日本だ」という人もいるでしょう。

国内であれ国外であれ、その土地が合うかどうかは、行ってみたらわかる。

そもそも、湘南を選んだのも、頭じゃなくて、感覚だからね。

「ここは気持ちいいな。ここで活動できたらのびのびできるな」と。

それがあって、会社を辞めることができた。

ひつじ NTTを辞めて書道家になったのは、そういう経緯だったんですね。奥さんは反対しませんでした？

双雲 反対したよ。「虫が出そうだ」って。

最初に教室を開いたのは、本当にうっそうとした森の中の、200坪ある古い日本家屋で。

お茶の先生が住んでいたというんだけど、家賃もNTTに勤めていたときの月収よりも高くて、しかも駅からもバス停からも遠い。教室をやるには、あらゆる条件がよろしくない。

ひつじ　交通の便が悪いうえに固定費が高いなんて、条件的には最悪ですよね。

双雲　でも、結果的に「ここだ」という直感が見事に当たった。

ひつじ　その直感に従っていなかったら、書道家・武田双雲はなかったかもしれませんね。

双雲　**自分とうまくチューニングできる場所に出合ったら、そこで仕事を探す**、というのもありですね。うん。雇用条件とかで転職先を選ぶよりは、うまくいくような気がするなぁ。

プチPoint

自分が心地いいと感じる土地で暮らしている人のもとに、幸せはやってくる。

Lesson 3
自分の取扱説明書

感情を上機嫌に整えて勝手に幸せがやってくる人になる！

幸運は、寄り付く人を選ぶ。
無理なポジティブは必要なし！

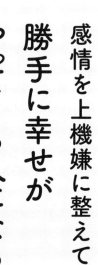

20

幸運を呼ぶ「いいワクワク」判断を誤る「悪いワクワク」

決断する前にココを観て宇宙エネルギーをチェックしよう

ぼくも双雲さんのように、直感に従って動くようにしたらいいんですかね。

直感という呼び方でいいのかはわからないけど。**ワクワクするというか、心が動くって感じかな。**
ただ、最近わかってきたことがあって、**ワクワクもいいけど、ワクワクにもいろいろある。**

ひつじ　**悪いワクワク**もある？

双雲　**アドレナリンがドバドバ出ている興奮だけのワクワクは危ない。**

ひつじ　じゃ、**いいワクワク**は？

双雲　**リラックスしている。「これだ」「ここだ」という静かな確信がある。自律神経のバランスが取れたワクワク。**

ひつじ　アドレナリンと自律神経ですか。むずかしいですね。
でも、なんとなく双雲さんの言いたいことはわかります。
カジノで勝ち続けている人って、すごく興奮してワクワクしていますけど、

双雲 その先にはロクなことがない……みたいな話でしょ。

そう、そういうこと。悪いワクワクはアドレナリンがガンガン出ている。

「これだ」と思っても、あとで何かよくないことが起こる。

変な話だけど、結婚している人はわかりやすいんじゃないかな。

アドレナリンがガンガン出ているような状態で、テンションが最高潮のときに結婚を決めましたという人は、案外少ないよね。

ひつじ ああ、たしかに。ある程度長く付き合って、落ち着いた関係になったときに、「この人と結婚するんだな」と静かに確信したような気がします、少なくともぼくは。

双雲 逆に、「運命の人」と出会っちゃって、一気に燃え上がってスピード結婚なんていうのは……。

ひつじ 「若気の至り」だったと、あとで気づくことになりがちですね。いますよ、友達にも。なるほど、恋愛や結婚を例に取るとわかりやすいかもしれない。

双雲 いいワクワクと、悪いワクワク。いい直感と悪い直感。

でもね、悪いほうの直感に流されてしまう「若気の至り」経験も、失敗だと思う必要はないんだよ。

だって、結局のところ、どういうのがいいワクワクで、どういうのが悪いワクワクかなんて、経験を積まなくてはわからない。

若いって、アドレナリンが出やすくて失敗しやすいってことだからね。

だから、**最初から正しく判断できなくていい。**

まずは自分の感情を受け止めて、ちゃんと感じるという練習をすること。

ひつじ スピリチュアルが好きな人は「波動を感じろ」なんて言うでしょう。言いますね。波動って、宇宙のエネルギーみたいな意味かな。

双雲 波動とか宇宙エネルギーというものがあるとして、ぼくらがそれを感じられるとしたら、**自分の感情として感じるしかない**と思う。

自分の感情が宇宙エネルギーなんだよ。

教祖っぽい特別な人だけが受け取るんじゃなくて、**誰もが受け取っている。**

だから感情は大事。

ひつじ　感情って、軽視されがちですよね。大人になると、「それは感情にすぎない」なんて言い方をして。

双雲　感情に流されるままだと危ないというのは、ある意味で正しいからね。

でも、それは感情を軽視すべきだということではない。

流されたら危ないからこそ、感情をちゃんと観られるようになることが大事。

ひつじ　**感情を、観る？**

双雲　現代人は、感情を整えようとするでしょ。

ひつじ　ええ。瞑想やヨガが流行るのは、感情を整えたい人が多いという面もあるでしょうね。

怒りをコントロールする「アンガーマネジメント」なんていうのもあります。

双雲　それもいいんだけど、感情を整える前に、まずは感情をちゃんと観られるようにならないと。**ただ、観る。**

自分の感情を観て、「俺、イライラしてるな」と思えばいい。

「なんでイライラしているんだろう」とか、「早くイライラを止めなきゃ」なんて考えなくていい。

「俺、イライラしているな」と「観る」だけで、もうイライラのなかにいるのとは、ぜんぜん違う状態になっている。意外とむずかしいことだけれども。

ひつじ　じゃあ、**ワクワクしたときも、まずは自分のワクワクをただ観ればいい**ってことですか。「俺、ワクワクしているな」と。

双雲　そう。すると、そのワクワクがどういうワクワクなのか、自然に観えてくる。

プチPoint
自分の感情は宇宙からのエネルギー。受け止めて、どんなエネルギーが来ているのか、丁寧《ていねい》に観る練習をしよう。

21

心のデフォルトをプラスに変える、とっておきの方法って？

「やせたい」と思っていることが、
太っている原因だった？

双雲　ワクワクしたら、「俺、ワクワクしているな」と、まずは自分のワクワクをただ観れば、そのワクワクがどういうワクワクなのか、自然に観えてくる。

ひつじ　なるほど。ぼくの場合は、**まずはもっとワクワクすることが増えたらいいなぁ。**そもそも最近は、あまりワクワクしないですから。

双雲　ワクワクを増やす努力をするというよりも、**デフォルト（初期値）がワクワクだといい**んだけどねぇ。

ひつじ　いつもワクワクしているってことですか？

双雲　いつもじゃなくてもいいんだけど、放っておいたらそうなる初期状態がワクワクってことだね。

デフォルトが不安と心配の人は、気を抜いたら不安になっちゃう。油断したら心配で眠れなくなっちゃう。

だから、いろんなストレス解消法を実践して、努力して幸せになる。

そうじゃなくて、**「気を抜いたら幸せになっちゃう」**ほうがいいでしょ？

ひつじ　気を抜いたら幸せになっちゃう？　また斬新なフレーズが出ましたね。

双雲　そうかな？

ひつじ　つまり、普通の人は、努力して幸せになるけど、気を抜いて努力をやめてしまったら、また不安になったり、心配になったりしてしまう。リバウンドして不幸な状態に戻ってしまう……ということですよね？

双雲　そうそう。だから気合を入れて幸せになるんじゃなくて、気を抜いたら幸せになっちゃうほうがいいでしょう。

ひつじ　それはそうですけど。そんなにうまくいきますか？

双雲　やせたいとか、お金持ちになりたいとか、幸せになりたいとかいった願望がぼくら人間にはある。あって当然なんだけど、じつは**「やせたい」と思った時点で、初期状態のデフォルトが「太っている」**んだよね。

強く
なりたい！
やせたい！
金持ちに
なりたい！
やさしく
なりたい！
明るく
なりたい！

デフォルトがやせているひつじくんは、「やせたい」なんて思わない。これをお金で考えてもいい。お金持ちって、努力して成功した人、というイメージがあるけど、**じつはいるんだよ、デフォルトがお金持ちの人が。**

お金持ちになりたいなんて思ったこともなくて、貧乏になる方法がわからないという人が。

ひつじ　うらやましいですねぇ。

双雲　ねぇ。そうかと思えば、**日本人の多くは「水がほしい」なんて切実に思ったことはない。**きれいな水がつねに豊富にある国で生まれ育ったから。……あれ？　なんの話だっけ。

ひつじ　えーと、「気を抜いたら幸せになっちゃう」のがいい、という話でした。

双雲　それだ。「幸せになりたい」と思うということは、幸せがデフォルトじゃないってことなんだよね。

努力して幸せになるのもいいけど、**それ以前に、デフォルトが不幸でいい**

の？ ということ。
デフォルトが幸せで、不幸になる方法がわからない……のほうがいいと思わない？

ひつじ 思います。思いますけど、問題は、**どうしたらそのデフォルトを動かすことができるんですか？** ってことなんです。どうしたらいいですか？

プチ Point

「幸せになりたい！」「やせたい！」「お金持ちになりたい！」と強く思うほど、現在の自分が、そうではないことが強く刷り込まれ、それらを引き寄せてしまう。
今ある幸せに目を向けて、心のデフォルトが「幸せな人」になろう。

22

「100円しかない」ではなく「100円もある」でもなく「100円がある」とただ感じる

天才哲学者もビックリの方法で
ガンコな心のデフォルトも変えられる！

ひつじ　初期設定であるデフォルトを動かすっていうことは、子どものころからガリガリのぼくが太りやすい体質になったり、双雲さんがやせやすい体質になったりするようなことですよね？　体質改善だって十分にむずかしいけれど、心のデフォルトを変えることは、もっとむずかしい気がするんです。

結局、ネガティブな人に「もっとポジティブになりましょう」なんて言っている、よくある、無責任な自己啓発本みたいになりませんか。

双雲　ひつじくん、鋭いなぁ。たしかにむずかしい問題ではあるんだよね。

その人のデフォルトの状態が、仏教でいう「我《が》」。つまり「自分」とか「私」ということ。

「我」（自分、私）を変えることができるのかどうか。

「我」を変えてしまったら、もう「自分、私」とはいえないんじゃないのか？　変わらないものを「私」というんじゃないの？

そもそも「自分」ってなんなの？　というようなことを人類の歴史と同じく

らいの間、考えてきたのが哲学。
だから、ぼくにもそう簡単に答えは出せない。

ひつじ　双雲さん、今、さらっとすごいこと言いましたね。
哲学って、そういうことだったんだ！
「私とは何か？」なんて考えてなんの意味があるんだろうと思っていたけれど、じつは**ダイエットや、お金、幸福とも関わっている**んですね。

双雲　そういうこと。とても身近な問題。だけどむずかしい問題。

ひつじ　うーん。デフォルトが変わるということは、ぼくが別の「ぼく」になるようなことだとすると、やっぱり変えるのはむずかしい気がするなぁ。
「気を抜くと不安になっちゃう人」が、「気を抜くと幸せになっちゃう人」になるのは、無理なんじゃないですか？

双雲　むずかしいことは間違いないと思うけれど、でも、方法がまったくないとも思わない。ヒントになりそうなことは考えられるよ。

わかりやすいから、またお金の話にしようか。

ここに資産が100円の人と、資産が1億円の人がいる。**資産100円の人は、資産1億円の人になりたい。**

ひつじ ということは、お金持ちになりたい。つまり、デフォルトが貧乏、と言ったら失礼だけど、「お金が少ない」のがデフォルトの人ですね。

双雲 そうだね。でも、考えてみると1億円が多くて、100円が少ないというのは相対的な話だ。資産が100円の人が、「100円は少ない。自分は貧乏だ」と感じているのは、相対的な見方にすぎない。

そこで、100円は少ないという前提を外してみる。

といっても、「100円だって考えようによっては多い」とか、「100円で十分だ」とか、無理に考えなくていい。

ただ、100円を感じる。「100円がある」と感じる。

ひつじ 「100円しかない」とか、「100円もある」とかではなく。

双雲　そう。ただ、「100円がある」。実際に100円はあるんだから、**100円を素直に、そのままに感じればいい。**

多いとか少ないとかでなく、自分が持っている100円に関心を向けて、観る。それをしないで、「多い」とか「少ない」という見方をしている限り、たとえ1億円持っていても不幸だろうね。

「あいつは10億円持っている、それに比べれば少ない」とか。

「今は1億円あるけど、減ったらどうしよう」とかね。

ひつじ　なるほど。前に聞いたのは、**関心を向けることで相手が変わる、相手との関係が変わる**という話でしたよね。奥さんを5秒、よけいに観ると夫婦仲がよくなるかもという。

双雲　そう。そして、**デフォルトを動かすときにも、関心を向ける、ただ観るというやり方が使える。**

ひつじ　じゃあ、お金の話ではなく体重だったら、太っているとか、やせているとか

双雲　ではなく、**ただ「これくらいの体形だ」と観るだけでいい**わけですね。

ひつじ　そうだね。じゃあ、デフォルトが不幸の人、気を抜くと不安になってしまう人はどうすればいいか、なんだけど……。

双雲　わかりました。「あ、俺、不安になっている」と、ただ観ればいいんだ。

ひつじ　正解。ひつじくん、だんだん冴えてきたね。もうぼくがしゃべる必要ないんじゃない？

双雲　それは困ります、まだまだ双雲さんに聞きたいことがありますから！

プチPoint

多い・少ないという見方をする限り、たとえ1億円を持っていても不幸な人になる。「100円がある」「収入が◎◎円ある」と、感じてみよう。

23

変化のスイッチを入れれば、脚は長くなり人間にも羽が生える！

あなたの中にもある、イメージを現実化させるすごい力に気づこう

双雲　まったく話は変わるけど、**最近の若い子って脚が長くない？**

ひつじ　はあ。長いですね。ぼくたちの世代と比べると明らかに。

双雲　昭和の日本人より明らかに顔が小さいしね。

興味深いことに、ロシアに行ったときに、**現地のロシアの人も「最近の子は脚が長いよね」と言っていた。**

ひつじ　ロシアでもですか。日本人の体形だけが変わったんじゃないのか。

双雲　考えてみると、**ほんの数十年の間に目に見えるほどの変化が起きる**というのはおかしい。しかも、世界各地でいっせいに。

だって、進化っていうのは、進化論によると、何世代も何世代もかけて起きるはずのものだから。

ひつじ　それはそうですね。

キリンの首だって、100年や1000年で伸びたわけじゃないでしょうし。

双雲　日本人の脚が長くなったのは生活様式が西洋化したからだ、なんてことも言われているけど、**それもどうかな。**だって、**1000年以上前から椅子に座って生活しているロシア人の脚だって伸びている**んだからね。

この不思議を、どう考えるか。

ぼくは、**人間にはそれだけの可能性がある、ということの表れ**だと思う。

人の一生は、たった100年未満だけど、けっこうな変化が起きる。とすると、**3世代くらいあとには人間にも羽が生えるかもしれない。**

ひつじ　まさか！

双雲　でも、鳥だってヒトだって、たどっていけば同じ先祖だからね。ぼくらも羽が生える遺伝子を持っていて、スイッチさえ入れれば、発現するかもしれない。今は羽はいらないから生えないだけでね。だって、しっぽの跡だってあるんだから。

じゃあ、**変化のスイッチを入れるものは何か。それがイメー**

ジだよ。脚が長いほうがモテる。顔が小さいほうがスタイリッシュだ。という、ある意味での刷り込みが、一気にメディアを通じて広がった。すると理想的な体形のイメージが変わる。

イメージが変わると、実際に体形が変わってしまった。

ひつじ

たしかに、そう思えますよね。

双雲

ほかにも同じようなことはある。

ひつじ

たとえば、100メートル走の世界記録は長いこと10秒を切れなかった。10秒をはじめて切ったのがカール・ルイス。

今では、オリンピックで入賞するような選手たちはみんな当たり前のように10秒を切る。なぜこんなに劇的に変化したのか？

もちろん技術や用具の進歩もあるけれど、それ以上に**「人は100メートルを10秒未満で走れる」というイメージが、一気に広がったから**だよ。

イメージが広がると、それが現実になるんだ。

双雲　**イメージが多くの人に広がって、みんながいっせいにそこにエネルギーを向けると、イメージは現実化する**んだね。

それが可能なのは、現代には、マスメディアという世界中の人のイメージをプログラミングできる装置があるから。

マスメディアは、人の可能性のスイッチをオンできる装置と言ってもいい。

ということは、**マスメディアがネガティブなイメージを伝えると、その影響力もとても大きい**。

ひつじ　前におっしゃっていた、「現代社会はいつも空襲警報が鳴っているようなものだ」という話につながりますね。

双雲　そうそう。平成の時代は、不安遺伝子のスイッチが、オンされることが増え続けたんじゃないかな。インターネットなどのメディアの発達によって。

不安になればアドレナリンが出る。アドレナリンは危機や敵に対処するホルモンだから、困難や敵に対処する力を引き出してくれるけど、疲れやすくもなる。自律神経が乱れる。それは幸福ではない。アドレナリンを出し続けて、出し続けて、もう出ませんとなったら——うつになる。

ひつじ 不安遺伝子のスイッチを押され続ける環境のもとで、幸せでいられる人はいないですよね。どうしたらいいんだろう。

双雲 たとえば**ニュースを見ないのは一つの手**だろうね。

ベトナムに1カ月いたときは、**ニュースを見なかったけど、なんの不自由もなかった**よ。

会社勤めだって、本当は、「つらいなら辞めてしまえばいい」と言いたいんだ。でも、ぼくはたまたま、恵まれた環境にいるからそう思えるけど、実際に厳しい環境にいる人にどう言えばいいのか、というのはむずかしい。

ベトナムには日本人がけっこう住んでいて、そのなかには、日本に住んでいたころに2回、自殺しかけたという人もいた。

テレビ業界で働いていたんだけど、仕事がどうにもつらくて、「いっそ死ぬ前にやりたいことをやろう」と思って、アジアを巡る旅に出た。

そうしたら、ベトナムで彼女ができて、そのまま住み着いて、それからは**「幸せで仕方がない」**って笑うんだ。**「収入は激減したけど、だんぜん豊かさを感じていられる。こっちに来てよかった」**と

その人は言っていた。

ひつじ 環境を変えれば幸せになれるという話ですね。国内で地方に移住するだけじゃなく、海外に行くという手もあると。

双雲 うん。**人間って、幸せになれる環境がどこかにあると思うんだ。**そういう意味での「適材適所」がきっとある。

プチPoint
イメージは、人間の可能性のスイッチをオンにする。
多数の人が同じイメージを描いて、そこにエネルギーを向ける(観る)と、そのイメージが現実化することもあり得る。

24

ネガティブな感情にフタをして無理にポジティブにならなくていい

くさいものにフタをするより、においのもとを消していこう！

双雲　住む場所も働く場所も変えて幸せになった人がいるかと思えば、ぼくの友達には、大企業のシステム系で働いている人も多いんだけど……。

ひつじ　プログラマーとかシステムエンジニアとかは、いわゆる「ブラック」な環境が多いといわれますよね。

双雲　話を聞くと予想以上にしんどい仕事だった。
友達に聞いてみたんだ。「そんな環境でどうやって生きているの？」って。
そうしたら、「感情を消すしかないよ」と言う。
たとえば、苦しんでいたり困ったりしている部下を助けようなんて考えたら、自分がやられる。感情を消して、自分がやるべきことをやったらさっさと帰る、というやり方でやり過ごすしかないって。

ひつじ　ああ、わかるような気がするなあ。
業種を問わず、そうするしかない人はいっぱいいると思います。

双雲　そういう人たちに、「もっとポジティブに生きろ」「そんな会社、辞めてしまえばいい」と言っても響かないよね。

ひつじ ひつじくんが言っていたように、無責任な自己啓発本みたいになってしまう。

双雲 悩みどころですね。

こういう話をしていると、混乱してくるんだよね。**前向きな話をしている人が本当に前向きなのか？** と。

小さいころ、親戚の家に行ったらシフォンケーキが出た。おばさんが「大智くんのために焼いたのよ。おいしいから食べて」って。ぼくは、本当はシフォンケーキが嫌いだったんだけど、無理して「おいしい、おいしい」って食べて……そのあと、全部もどした。

ひつじ 今度はなんの話ですか？

双雲 **フェイスブックなんかを見ていると、キラキラした、前向きな投稿が流れてくる。** それを見ていると、危うさを感じるんだよね。「おいしい、おいしい」って言いながら無理にシフォンケーキを口に押し込んでいた自分を思い出すんだよ。
ネガティブなものは、たしかにイヤなにおいがするけど、それにフタをして、ポジティブな香水をふりかけても、いい香りにはならないよね。よけいにくさい。

ひつじ うーん、ポジティブな発言に対して、何かイヤなくさみみたいなものを感じてしまうことがあるのは、そういう理由か。
じゃあ、ネガティブな人に、どんなアドバイスができるんだろう。

双雲 **結局は、ネガティブなものから目をそむけるのもいけない。バランス……。**

ひつじ それじゃ、あまりにも月並みです。
双雲さん、いろんな企業に研修で呼ばれているでしょう。心を前向きに持っていくためのアドバイスをしているんじゃないですか？

双雲 さすがに、企業の研修で「会社なんて辞めろ」とは言えないよね。
ぼくを呼んでくれた上の人たちは、心を前向きに持っていく方法とか、モチベーションを高める方法とか、ポジティブなものを社員に植え付けたい。だけど、実際に研修を受ける人たちは熱が低いという場合がほとんど。そういうときにぼくが言うことは一貫していて、**「ポジティブ情報の攻撃を仕掛ける」**ということ。

ひつじ 攻撃、ですか？

双雲 うん。すでに言ったように、現代はメディアを通じてネガティブ情報がどんどん入ってくる。

自分が生きて、仕事をしている環境にも、ネガティブなことは多い。ぼくの友達のように、感情を殺してやり過ごしている人もいる。

ネガティブ情報はあまりにも多くて、完全にかわしきることはできないし、フタをして、何もなかったことに……。**つまり、目をそらして済ませることもできない。それを認める。**

認めたうえで、みんなが前向きになるような情報を、自分

から発信し続けるんだ。

ひつじ　……？

双雲　前向きといっても、明るいこととは限らないよ。**みんなが前向きになれるような、「気づきのニュース」と**言ったらいいかな。

ひつじ　気づきのニュース？

双雲　たとえば、ガードレールを観たとする。そうしたら、**「ガードレールって誰がつくったんだろう」**と言ってみる。

ガードレールって、道路で何か危ないことが起きたときに、歩行者をガードしてくれるものだよね。

つまり、ガードレールは「やさしさ」だ。誰かが誰かのことを考えて、ガードレールをつくった。

そういう目で観ると、ガードレールの横に立っている電柱も、道路自体も、手に持っているペットボトルも、やさしさでできている。誰かが誰かの安全や利便性を考えてつくったものだから。

ひつじ たしかにそうです。

双雲 あとは、税金。税金の話で前向きになる人は少ない。できればフタをして見ないようにしたい人が多いよね。

でも、考えてみれば、豊かさをみんなでシェアするというシステムが税金でしょ。

そう気づくと、税金を払うたびに、税金と聞くたびに、少し前向きになれる。

たぶん、このぼくの話を聞いた人は、次にガードレールを観たときに、ちょっとだけ見方が変わると思う。すると、電柱や、道路や、コップや、給与明細の税金の欄に対する見方がちょっとだけ前向きになる。

前向きになるメガネをかけたようなもので、今までよりも

前向きな情報が入ってくるようになる。

するど、前向きなメガネの度が強化されて、さらに前向きな情報が入ってくるようになって、**究極的には、前向きな情報をどんどん吸い寄せる**ようになる。

ひつじ　前向きのバキュームカーになれるんだね。

　バキュームカー！

双雲　逆に、ネガティブのバキュームカーになってしまっている人は、そういうメガネ……後ろ向きのメガネをかけてしまっているんだよ。

あ、バキュームカーもやさしさだよね。下水設備が整備されていない地域の人は、バキュームカーがなかったら生活できない。

……こういう思考のサイクルが起きるように、「ガードレールって、誰がつくったんだろう」と気づきのニュースを発信し続ける。みんなが前向きになれるよ。——これがぼくなりの作戦。

ひつじ　あっ、そういうことか。

双雲　また何か気づいた？

ひつじ　**「気づきのニュース」を発信するためには、気づかなければいけないし、気づくためにも「ただ観る」ことが大事**なんですね。

双雲　素晴らしい。

プチPoint

無理にポジティブを装う必要はない。ネガティブな感情があることを認めたうえで、みんなが前向きになるような気づきの情報を発信しよう。

25

気づかないほど、かすかなポジティブを続けるだけで驚きの変化が起こせる！

ウォーレン・バフェット氏の巨万の富の秘密もここに

ひつじ　結局、**ポジティブになるためにすることって、ほんの小さなことなんですね。**
ガードレールを観ることができるかどうか、そこでちょっとだけ気づけるかどうか、みたいな。

双雲　そうそう、ちょっとしたことなんだよ。
「1・01理論」って知っている？

ひつじ　**いってんぜろいち？**　なんですか、それは。また科学の話？

双雲　1・01の百乗っていくつかわかる？

ひつじ　さぁ……？

双雲　1・01の百乗は、約2・7。
毎日、ほんのちょっとずつでいいから、ポジティブになるための変化をしていくことにする。ほんの1パーセント。
今が1だとしたら、それを1・01にするだけでいい。
1日目は1・01になった。

2日目、これにまた1・01を掛けると（1・01の二乗）、約1・02。

3日目も同じように1・01を掛けると約1・03。微々たる変化でしょ。

ところが、これを100日続けると、約2・7。3倍近くまでいってしまう。

じゃあ365日、1年続けたらどうなるか。最初と比べると、約37・7倍になる。

ひつじ　すごい。指数関数ってやつですね。

双雲　だから、**ほんのちょっとしたことでも、毎日続けていくと、やがて大きな変化につながる。**

逆もいえる。毎日少しずつ、ネガティブなほうに……。たとえば、今日が1だとしたら明日は0・99になるような変化を毎日続けるとどうなるか。

0・99の百乗は、約0・36。

ひつじ　ちょっとだけネガティブを100日続けると、3分の1くらいまで下がってしまうのか、恐ろしい！

双雲　**ほんのちょっとが、いかに大事かがわかるでしょ。日々感謝しても、わかりやすい見返りはない。**それこそ、ガードレールを観たって、何が変わるんだ、と思うかもしれない。でも、その積み重ねが重要。10年感謝し続けたら、**とんでもないもの**が返ってくる。

ウォーレン・バフェットって知ってる？

ひつじ　ええ、世界一の投資家といわれる大金持ちですよね。

双雲　よくいわれるのが、ウォーレン・バフェットの投資手法は長期的な利益を求めるやり方なんだということ。

デイトレードで、秒で1億円儲けた！　なんて人もいるけど、バフェットさんは10年、20年という単位で儲かればいいや、という考え方で、将来有望な企業に投資する。

おそらく、長い目で見てみんなの幸福に貢献できるような会社を見つけて投資するんだと思う。そして、その方法で世界一の金持ちになった。

ひつじ　**じゃあ、一番短期で稼ごうとするのはどんな人かっていうと、それは泥棒だよ。**目の前のものを盗んでしまうのが一番手っ取り早い。

でも、そういう人は金持ちになるどころか、人生を台無しにしてしまう。

双雲　たしかに。

投資のプロの話を聞いたことがあるんですが、失敗して大損する人は、みんな短期で稼ごうとしてギャンブルみたいなことに手を出すそうですね。

ひつじ　**結局、長い目で見て、長期的に何かを得ようとする人のほうが実りが大きい**ということだね。

お米や麦だって、その場で食べたらなくなっちゃうけど、一部を残しておいて翌年に播けば、数年後は何倍もの収穫がある。そう気づいた人がいたから、人類はこんなに繁栄したんだから。

双雲　ウォーレン・バフェットの話が出てくるとは意外でしたけど、納得です。

長期的な目でリターンを求めればいいんですね。

双雲　長期的もいいけど、それをさらに超長期的にしたり、超スーパー長期的にしたりできたら、もっといい。**それくらい長期的な見方だと、もうリターンのことなんて忘れちゃう。**

ひつじ　でしょうね。

双雲　はたからは**無欲な人**に見えるだろうね。欲自体を否定する必要はないし、欲をなくすことなんて、よほどの聖人でもなければ無理。けれども、**超スーパー長期的にリターンを求める、そして日々感謝を積み重ねる……という生き方をすれば、はた目には無欲な人と変わらない。**

そうなると、実際に何かを求める気持ち……欲望とか、「何かが足りない」というマイナスの波動は少なくなっていると思うんだ。薄められているというべきかな。

ひつじ　……双雲さんは、Lesson1（71ページ）で、「志や夢はパワーを生み出

すとは限らない」と言ってましたよね。何かを得たい、何かを実現したいという気持ちは、まだ得ていない、まだ実現していない、今を否定することになってしまうって。

双雲 そんなこと言った？

ひつじ え!?

双雲 冗談だよ！　言ったね。

ひつじ それと、「金持ちになりたい」と思った時点でデフォルトが貧乏になっている、「やせたい」と思った時点でデフォルトがデブになってしまっている。どうにかしてデフォルトを動かせないか、という話をしていたんですよね。

双雲 そうだね。

ひつじ ぼくは、何かを求める気持ちは捨てられないし、だからデフォルトを動かすのもむずかしいんじゃないかと思っていたんです。それこそ、ぼくたちは聖人じゃないですし。悟りを開くなんてとても無理だし。

でも、デフォルトを動かす方法の答えが今、出ましたね！

双雲　何かを求めたり、ほしがったり、変わりたいと願ったりする気持ちは捨てられないけど、何かを手に入れたり、実現したり、変われたりする、そういうリターンを超スーパー長期的に求めたら、それはもう無欲と区別がつかない。ぼくみたいな凡人は、そこを目指せばいいんじゃないかって。

ひつじ　なるほど。いいこと言うね。

双雲　なるほどって、双雲さんが言ったことですよ。
自分でもびっくりした。また話がつながったね。デフォルトを変えるというのは難問だったけど、一応、結論が出たのかもしれないな。

プチPoint
欲は捨てなくていいからリターンははるか先に求めよう。気長に毎日、小さなことを積み重ねよう。すごいリターンが得られる！

26

どんなに怒りっぽくても毎日、上機嫌でいられるちょっとした言葉の魔法

使うのを「やめるだけ」で他人に感情を振り回されなくなる2文字とは?

双雲　超スーパー長期的にリターンを求める人になるためには、ちょっとしたコツもある。

ひつじ　それはぜひ、知りたいですね。

双雲　ぼくが小学生のころに、**巨人が負けた試合の翌日は機嫌が悪い先生がいた。**

ひつじ　あー、いますねぇ、そういう人。

でも、小学校の先生がそれじゃ困るなぁ。子どもたちに悪影響が出る。

双雲　でも、そういう人って、いっぱいいるでしょう。株価が下がると機嫌が悪い人とか、こちらの受け答え一つで機嫌が悪くなってしまう人とか。

ひつじ　はい、はい。機嫌がすぐ上下する人は苦手だな――。逆に、いつもニコニコしている人や、つねに穏やかな人は、慕われますよね。

双雲　何かというと不機嫌になったり、イライラしたりする人は、当たり前だけれど、周囲に負のオーラを発散してしまうからね。

じゃあ、**なんで不機嫌になってしまうのかといえば、自分の**

機嫌を「アウトソーシング」しているから。

ひつじ　アウトソーシングですか？

双雲　自分の外側にあることに、自分の機嫌のよし悪しを委《ゆだ》ねているってことだね。

ひつじ　なるほど。まあ、イヤなことや不本意なことがあったら、つい不機嫌になってしまうのは、わからないでもありませんが。

双雲　自分の外側で起きたことや、自分の周囲の空気に巻き込まれているうちは、どうしても感情をコントロールされてしまう。で、不機嫌な人になっちゃうんだね。**じゃあ、どうすればそうならないでいられるか**というと、ちょっとした言葉の習慣を身に付けるだけでいい。

「のに」という言葉を使わないようにするんだ。

ひつじ　**「のに」？**

双雲　あんなに応援した「のに」、巨人が負けた。株価が上がると思った「のに」、株価が下がった。

あとは、私はがんばった「のに」、結果が悪かった。評価されなかった。
あんなに親切に相談に乗ってあげた「のに」、お礼の言葉もない。
せっかく用意しておいた「のに」、食べてくれない。
何度も注意した「のに」、また同じ失敗をしやがって。
私はこんなに愛している「のに」……。

ひつじ　ああ、わかってきました。

双雲　**「のに」という言葉には、自分が正しく評価されていない、正当なリターンを得ていないという不満が含まれている。**

ひつじ　自分はがんばった「のに」、ちゃんと評価されていないと感じてしまうことは、ぼくもよくあります。

そうか、「のに」を使う人は、今すぐにリターンがほしい、と言っているようなものなんですね。

双雲　そうだね。そもそも、自分が努力したり相談に乗ったり、注意したりして他人のために何かしてあげたり、野球やサッカーの好きなチームを応援したりするのは、誰かの評価を求めてすることなんだろうか。

ひつじ　評価やリターンを求めてすることだと考えると、自分の外で何か望まないことが起きるたびに、イライラしたり、機嫌が悪くなったりしてしまう。

なんでも自分の思いどおりになるわけもないのに、いちいち機嫌が悪くなっていたら、疲れてしまいますね。そんな人生はイヤだなぁ。せっかく巨人を応援するなら、楽しく応援したほうがいいに決まっているもの。

双雲　そういう機嫌のアウトソーシングから脱するためには、「のに」という言葉を使わないようにしたほうがいい。

もちろん、いろいろなことが起こるたびに心が動くのは当たり前だよ。

でも、**起きたことに振り回されないように、少しずつ距離を取っていくことはできる**から。

簡単なことだけど、これだけで気分のあり方を変えることができる。

そのうえ、「のに」という言葉から離れることで、すぐにリターンを求める姿勢も変わってくるからね。

ひつじ わかりました。ぼくも、「のに」という言葉は使わないように気をつけます。それにしても、**ほんのちょっとしたことなんですね。気分を変える、生きる姿勢を変えるためのコツ**って。

プチPoint
機嫌を、他人や外部要因にコントロールされないようにするために、「のに」という言葉を使うのをやめよう。
そうすれば次第に起きたことに振り回されないようになる。

27

「期待を捨てる」シンプルワークで心は簡単に楽になるし、喜びで満ちあふれる

外国人が日本では当たり前のサービスに、あんなにも感動して震えるのはなぜだと思う?

ひつじ　毎日つらいことがあったり、不満をためたりして生きている人が、簡単に楽になれる方法ってないんでしょうかね。

双雲　そうだなぁ……。ひつじくんがコンビニに行ったとして、まずドアの前に立つよね。そうしたらどうなる？

ひつじ　自動ドアが開きます。

双雲　そうだね。すると、お店の人はなんて言う？

ひつじ　「いらっしゃいませ」って言うでしょうね。

双雲　じゃあ、買い物をして、帰るときには、なんて言うだろうね？

ひつじ　「ありがとうございました」って言ってくれると思います。

双雲　そうだよね。つまり、ひつじくんは、コンビニに行けば当たり前に自動ドアが開いて、お店の人は「いらっしゃいませ」「ありがとうございました」と言ってくれると期待している。

じつは、ぼくらはすごく期待して生きている。

コンビニだけじゃないよ。電車は時間どおりに来てくれるだろう。ポストに手紙を入れれば届けてくれるだろう。自動販売機にカードをかざせば飲みものが出てくるだろう。給料日になれば口座にお金が振り込まれるだろう……。

ひつじ ええ、たしかにそうです。

双雲 期待するのは当たり前だし、悪いことではないよ。

でも、忘れてはいけないのは、**期待は不満を生み出す**ということ。

期待すればするほど、期待どおりにいかなかったときに不満を感じることになる。家族に対して、会社に対して、社会に対して……。**不満だらけな人っていうのは、それだけあらゆるものに対して期待が大きいってことでもある。**

「もうちょっと、こうしてくれたらいいのに」というようにね。

期待した結果、不満だらけになってしまったら、幸せではないよね。

ひつじ そうですね。そうか、不満は期待から生まれるのか……。

双雲　日本人は、海外に旅行に行くと現地のお店の人の対応に怒ることが多い。ベトナムに行ったときもなかなかすごくて、レジで商品をドン！　と置かれるくらいは当たり前で。

レストランで「髪の毛が入ってるよ」と言ったら、「お前のだろう」と言い返されたこともあった。金髪で、明らかにぼくのじゃないんだけど……。

何か頼んでも、「今テレビ観てるから待て」と言われたり、めんどうくさそうに舌打ちされたりね。

でも、向こうは悪意でやっているわけじゃないんだよ。彼らにはそれが当たり前で、まるで家族に対するみたいにフランクに客と接しているだけなんだ。

ところが、日本みたいな接客を期待している人は、怒っちゃう。

ひつじ　たしかに日本のお店では、そんなことはあり得ないですよねぇ。

双雲　日本は期待に応える文化なのかもしれないね。だから、お店のサービスのレベルも高くなる。ところが、同時にクレーマーも多い。

ひつじ　なるほど。**期待のレベルが高いからこそ、不満も多くなってしまうと。**

双雲　そこで、**不満を減らすための即効性のある方法**がある。**期待を捨てるというワークだよ。**

ひつじ　期待しないようにするわけですか。

双雲　さっきも言ったけど、期待するのは当たり前だし、悪いことじゃない。あくまでもワークとして、試しに期待を捨ててみる。

自動ドアが開くと期待しない。

お店の人が「いらっしゃいませ」「ありがとうございました」と言ってくれると期待しない。電車が時間どおりに来ると期待しない。

すると、今まで当たり前だと思っていたことにすごく感謝できる。

「うわ、ドアが勝手に開いた！　すごい！」なんて。

そして、自分が今までいかにたくさんの期待をしてきたのか、にも気づくことができる。すると、自分の不満の原因が見えてくる。

「そうか、自分が会社に不満だったのは、こういう期待をしていたからだったんだ」というように。

ひつじ　なるほど。**正体がわかれば、不満は軽くなっていきます**ね。

双雲　とにかく早く成果を出すことを期待されるのは、今という時代には仕方ないことなのかもしれない。

子育てでも同じだと思うよ。子どもの成績をすぐ上げるとか、立派な子どもにすぐ育つこととかが期待されている。**野菜にたとえると、根っこが育つ前に、上の茎や葉を伸ばそうとしているような気がするんだよなぁ。**

ぼくも、教室に通っている子のお母さんに「このままで大丈夫なんでしょうか、この子は」ってよく聞かれるよ。心配だから習い事をさせる、心配だから塾に行かせるってことなんだろうね。

ひつじ　期待は、不安の裏返しでもあるんですね。

双雲　**なんでそんなに期待が膨らむのかといえば、これも未来にとらわれているか**

らだよ。**希望や期待は、今がダメで、未来に光を見る考え方だからね。**

双雲　今が安心で満たされていたら、期待なんかしないですよね。みんなが満たされなくて、不安で怖くて、未来に見える光のほうに手を伸ばしている。そういう社会になっている気がするんだよね。だから、**自分は今、不安で怖いんだと気づくだけでも大きな一歩**だと思うよ。

ひつじ　そのためにも、まずは期待を捨てるワークをやってみたほうがいいですね。

プチPoint

不満は、「〜してほしい」という希望や「〜してくれるはず」という期待から生まれる。
そして、期待は「今がダメだ、不安だ」という恐怖から生まれる。
期待を捨てるワークを実践しよう。

Lesson4
思考の取扱説明書

考えないで感じる！

お茶の味、空の色、心のときめき……
幸運だけキャッチできるように
チューニングすればいい！

28

「今」を生きるためのメソッドを日本人は「道」と名づけた——伝統に隠されたすごい極意

茶を点《た》てる、花を生ける。
日常を丁寧に生きると道が開ける！

双雲

ひつじ

双雲 昔の精神科では、患者さんを治すための方法としてその患者さんの過去のことを聞いていたそうだね。

ひつじ ああ、心の病《やまい》の原因になっているトラウマを探るという治療法のことですよね。

双雲 そう。それがその後の一時期、過去よりも未来に注目しよう、ということになった。**どうなりたいか、どう変わりたいかに目を向ける。**

ひつじ でも、未来は扱いがむずかしいのでしたよね。実現したい夢や目標があるのはいいけれど、うっかりすると、まだ実現していない今をおとしめることになりかねないから。

双雲 そうだね。そこで、最近では、過去でも未来でもなく、**「今」に注目しよう**ということになった。

ひつじ なるほど、わかる気がします。目の前のことに意識を向けるマインドフルネスが流行っているのも、その流れなのかな。

ここまでの双雲さんのお話も、いろんな方向から「今」の大切さを語っていたように思います。**目の前にあるものを、ただ観る。五感で感じる。感謝する。**

双雲　そして**未来で手に入れたいものについては、「1・01理論」で超長期のリターンを期待して、今は忘れてしまうくらいでいい**という考えでしたよね。

結局、ぼくが言いたかったことは、それなんだろうね。

「今」の大切さ。

ひつじ　はい、それはよくわかったんです。

あとは、できたら、**より上手に「今」に意識を向けるための方法**をもう少し具体的に教えてもらえたら嬉しいなぁ。

双雲　なるほど。そうだな……。

そういえば、**ぼくは「丁寧」にハマってるよ。丁寧ブーム。**

ひつじ　丁寧ブーム、ですか。それはまた、どんなブームですか？

双雲　なんでも丁寧にやる。たとえば、このコップのお茶を飲む。いつもならスマホを見ながら無意識に飲むのが普通だけど、あえて丁寧に飲む。

まず、コップを観る。なるべくやすらかな気持ちで。

透き通ってきれいだな、おもしろい形をしているな、と感じる。

コップに触れてみる。手触りを感じる。手に持った重みを感じる。もう一度、近くでよく観る。

コップに口をつける。唇の感触に集中する。お茶が口の中に入る、冷たい。お茶の香り。味。五感を使って、じっくりと味わう。お茶が喉の中の食道を流れていくのを感じる。

ひつじ　お茶を一口飲むだけで、そこまでやるんですね。なるほど、それは丁寧です。

双雲　あとは、これがおすすめなんだけど、お風呂でシャンプーを使うでしょ。あのボトルのポンプを押すときに、丁寧に、ゆっくり押してみる。
あれはなんとも言えず気持ちいい感覚だってことに気づくから。

お風呂上がりにタオルで拭《ふ》くときも、丁寧に拭く。すると、タオルの手触りの素晴らしさに気づくことができる。

スマホも、ポテトチップスを食べたベトベトの手で触ったりしない。ちゃんと手を洗ってから、静かに持ってタップしてみる。

ひつじ　どれもすぐに試せそうなことばかりですね！

双雲　**丁寧の「寧」は、心がやすらかに落ち着いているという意味。**丁寧って、なかなか深いんだよ。

たしかに、「今」に意識を向けるといっても、どうすればいいのかと考えると、むずかしいよね。

頭で考えても、よくわからない。そういうときは体の感覚を使えばいい。

丁寧にお茶を飲む。丁寧にごはんを食べる。丁寧に聴く。丁寧に話す。丁寧にものを持つ。

すると、自然に「今」目の前のことに意識を向けることができるようになる。

ひつじ　わかりやすいなあ。**心が乱れたり、未来や過去に引っ張られたりしていると感じたら、とりあえず丁寧に行動すればいいんだ。**

そして、五感を研ぎ澄まして、観る、聴く、味わう、嗅ぐ、感じる……と。

双雲　そうだね。それは何度か述べてきた「感謝」とも通じる。

そういえば、ひつじくんは**「道具を大切に扱いなさい」**って言われたことない？

ひつじ　あります、あります。小学校のとき、書道の時間にも言われました。

双雲　その先生がどういうつもりで言ったのかはわからないけれど。

でも、子どものころに「道具を大切に扱いなさい」なんて言われると、普通は「お説教だな」と思うよね。何か、道徳的な。

ひつじ　そうですね。ぼくも「めんどうくさいなぁ」と思いましたよ。

双雲　じつは、そうじゃなかったんだ。道具を大切に扱うことには**もっと実践的な意味があったんだ。**

「道具を大切に扱いなさい」というのは、道具を丁寧に扱うことによって己の感覚を研ぎ澄ます、そのためのメソッドだったんだよ。

ひつじ ああ、なるほど。あのお説教は「丁寧メソッド」なんですね。

双雲 だから、書道だけじゃなくて、お花でも、お茶でも、いろいろとめんどうな所作《しょさ》が決まっているでしょう。

あれも全部、あえて丁寧な所作をすることによって、感覚を研ぎ澄まして「今」に意識を集中するためのテクニック。

意味もなく小うるさいことを言っているわけではない。

ひつじ そうだったのか！

双雲 頭で考えてもわからないけれど、**丁寧に動くことによって、自然に五感が鋭くなり、「今」を生きることができるようになる。**

「今」を生きるためのメソッドやテクニックを、日本人は「道《どう》」と名づけた。

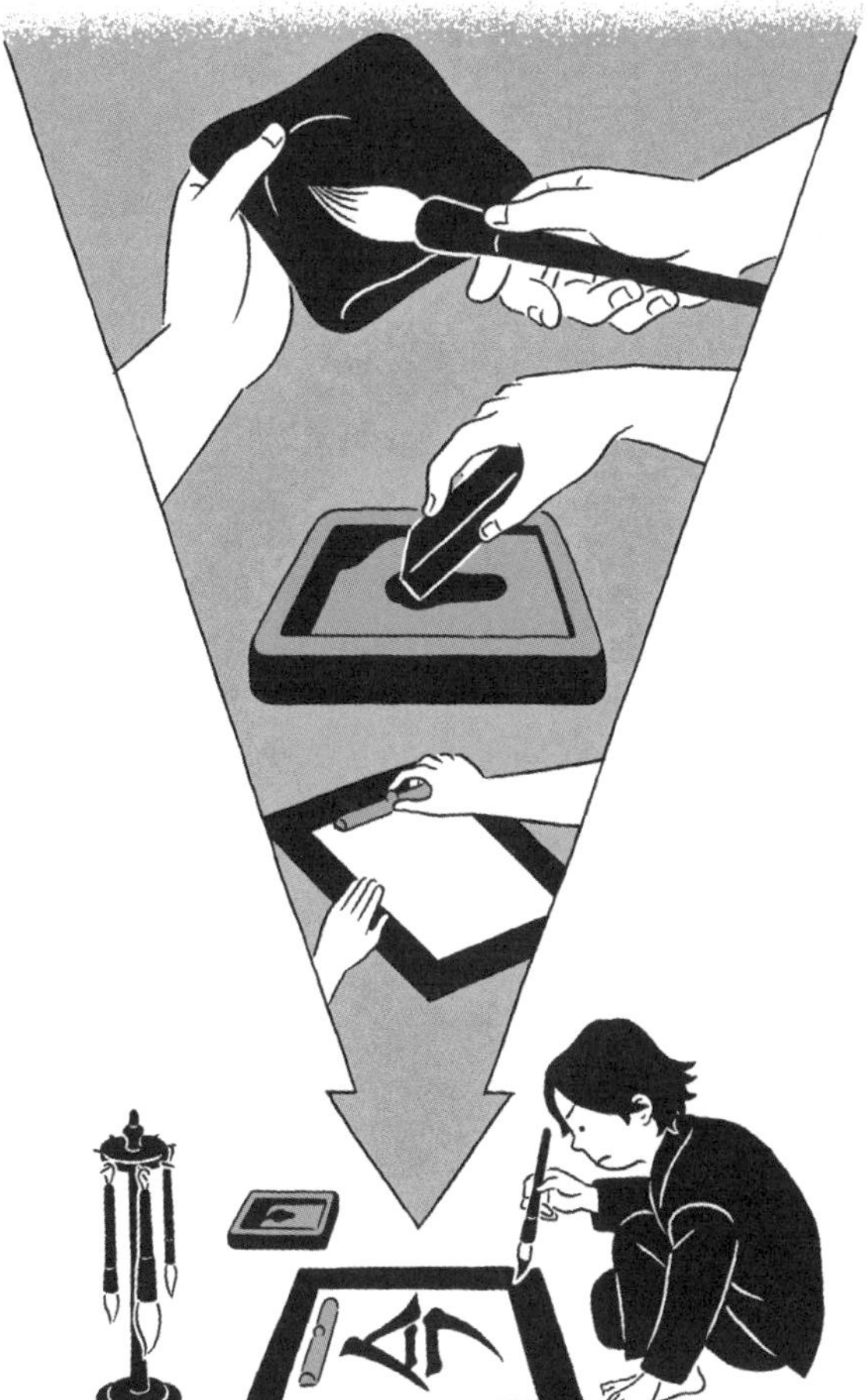

書道、華道、茶道……そして武道も、みんなそういうものなんだ。さっきお茶を丁寧に飲む方法を話したけど、茶道なんて千利休《せんのりきゅう》（1522〜1591年）のころから、そのことだけを徹底的に追究してきたわけだ。すごいよね。

ひつじ　うーん。お茶やお花が「道」になったのは、そういうことだったんですね。だとすると、現代人にこそ必要ですよね、「道」は。

双雲　そうだね。**情報が多くて、不安も多くて、穏やかな心で「今」を生きるのがむずかしい時代だからこそ、「道」が求められているのかもしれない。**

世界中で日本文化が注目されているのも、そのせいじゃないかな。神社や仏閣《ぶっかく》が「パワースポット」と呼ばれて人気なのも、同じ理由からだと思うよ。どんなに雑な人でも、お寺や神社に行ったら参拝の作法や所作は無視しないでしょ。

ひつじ　ええ、丁寧に手や口を清めて、丁寧に手を合わせます。

双雲　そうか、神社や仏閣では、自然と丁寧に行動することになるから、感覚が研ぎ澄まされて、心が穏やかになるということか……。

ひつじ　そうだと思うよ。

伝統的な所作というのは、「今」を生きるためのワザだったんだ！

プチPoint

道具を丁寧に扱うことによって、自分の感覚を研ぎ澄ますことができる。
茶道、書道、華道などに限らず、なにごとも丁寧さを心がけると感覚が鋭くなり、今を生きることができる。

29

「自分に克《か》つ」は、ご法度《はっと》。「弱い自分」も自分だと認めないとこんなに怖いことに！

弱い自分に打ち克った先に、何があると思う？
心と体のSOSに耳を澄ませば……

ひつじ　双雲さんっていつも元気だとばかり思っていたんですけど、以前、大病されたって本当ですか？

双雲　うん、胆石《たんせき》をやってね。２０１１年に倒れて、それから、２０１２年の１年間はひどかったなぁ。最終的に胆のうを取ったんだけど、最初は取らずに東洋医学治療をしようとしてひどくなった。

胆石の痛みって、どのくらいひどいか、知ってる？

ひつじ　わからないです。

双雲　**本当に死ぬかと思った。**体には黄疸《おうだん》が出て、もう真っ黄っ黄でね。手術後も体調が戻らなくて、吐き気がずっと続く。「この苦しみがいつまで続くんだろう」と暗い気持ちだった。

ひつじ　そこから復活して、今の双雲さんがあるわけですね。どうやって克服したんですか？

双雲　こういうときこそ、自分の苦痛にどう対処したらいいのか、考えようと思ってね。つらいし、ものすごい不安もある。でも、よく考えると、体からしたら、そんなに心配されてもメリットはない。

ひつじ　まあ、そりゃそうです。

双雲　それなら、**ポジティブになることはできなくても、やるべきことをやって信じて待つしかないんじゃないか**、と思うようになった。

胆のうを取ったあとは、食生活に気をつけなければいけないから、それをきっかけにオーガニックに興味を持ったり、油ものをひかえるようにしたり。

仕事のやり方も変えた。

だから結果的には、いいこともあったんだけどね。

ひつじ　というと、倒れるまでの双雲さんは、かなり無理をしていたんですか？

双雲　今思うと、ワーカホリックだったなぁ。

ひつじ　意外だなぁ。双雲さんがワーカホリック。

双雲　2009年くらいからずっと、とにかく休めていなかった。つねにどこかでプレッシャーを感じていたし、リラックスできていなかった。仕事の量も、「まだまだいける」という感じでね。今思うと、ぜんぜんいけなかったんだけど。

自分の意欲を焚《た》きつけて、むりやりポジティブに持っていこうとしていたんだなぁ。病気になって、やっと、そういうことがわかったんだ。

ひつじ　今の双雲さんとはまるで違いますね。

双雲　**そうやって無理を重ねて、ついに倒れた。**

これも今から思うと、予兆はあったんだよ。**1年くらい肩こりがひどかったのは、体がシグナルを送ってくれていたんだと思う。**

2011年の夏に、体調が悪いから、さすがに休もうと、かなり勇気をもって決意した。8月1日から書道教室を1カ月休むことにして。

7月31日まで仕事をして、翌日、休みになったとたん、その日に倒れたんだよ。

ひつじ　偉いですね。仕事を終わらせてから倒れたんだ。ぼくも、本ができてホッとしたとたんに倒れたことありますよ。

双雲　たしかに、仕事を終わらせてから倒れる人は立派かもしれない。でも、裏を返すと、**人間はそこまで無理ができてしまう**ということでもある。**それは恐ろしいことだよね。**

体はずっと前から「もう無理だ」って悲鳴を上げているのに。つねにプレッシャーとストレスにさらされていると、全身の調子が悪くなっていく。体はいろんな不具合を起こして、「危ないよ、休みなさいよ」とイエローカードを出してくれる。

でも、人間はそれを無視してがんばることができてしまう。

そして、いよいよこれ以上無理をしたら危ない、というときになったら、体はレッドカードを出す。

ぼくの場合は胆のうだったけれど、おそらく、体全部を壊してしまわないために、どこか1カ所が壊れるんだろうね。で、倒れる。体からすれば、**「わかったか！　もう休め！」というメッセージだ**よね。ぼくはその声をやっと聞いて、「わかりました、休みます」と降参した。おかげで助かったんだよね。

ひつじ　倒れるまでは、つらい、休みたいという自分の体の声を聞いていなかったということですね。うーん、心当たりがあるなぁ。

双雲　だからぼくは、**「病気に克つ」という言い方は正しくないことも多い**と思う。**病気は「休め」という体からの信号でもあるんだから。**

それを無視したり敵視したりするのは、違うんじゃないかな。

アンチエイジングもそうかもしれないなぁ。老化だって、「そろそろ落ち着きなさいよ」という体からの信号だとしたら、それに敵対してどうするの。

ひつじ　おもしろいですね。病気も老化も、生き方を見直しなさい、というサイン。

双雲　たしかに、それに克っても仕方ないですね。「弱い自分に克つ！」なんて言うじゃない。

「自分に克つ」（克己《こっき》）という言葉も気になるんだよなぁ。

弱い自分に打ち克ったとき、弱い自分はどうなっちゃうんだろう？

強い自分も、弱い自分も自分なのに、**「弱い自分に克つ」という言い方はとても危険**だと思う。

ひつじ　**自分に克って、自分を殺してしまったら大変ですよね。**双雲さんは弱い自分に声を上げさせてくれたから、助かった。

自分に克ちたい人って、いわゆる成功者とか、やり手とかいわれる人に多い気がします。

双雲　**危ないのはそこだよ。成功したり、仕事で結果を出したりして、人に評価されること。**

たとえ体が痛みというメッセージを出して「休め」と言っていても、**人の評価が鎮痛剤になって、体の悲鳴を打ち消してしまう**から。

だから、ストレスでつねに吐き気を感じながら、それでも結果を出し続けているような人は……危ないと思うなぁ。

ひつじ　痛いときはじっとしていれば治るのに、痛み止めを打ってがんばって、取り返しがつかないほどひどくなってしまう――みたいな話ですよね。

プチPoint

病気や心のひどい落ち込みは、「休もう、生き方を見直そう」という体からのSOSかも。無理に打ち克とうとせずに、休んだりペースを変えたりする必要がある。普段から体の声に耳を澄まそう。

30

幸運をつかまえるコツは幸運をつかまえようと考えないこと

「考えるな、感じるんだ」は、
幸運にも当てはまる！

ひつじ　双雲さんの病気の話を聞いて思いました。「なんとかしよう」とか「うまくやろう」とかという気持ちが強すぎてもうまくいかないいんだなって。

双雲　ぼくのサーフィンのコーチがよく言うのは、「浮いてるだけで楽しいでしょ」ってこと。

そのコーチはとにかく海が好きで、いつも海に感謝しているんだよね。

だから、べつに「いい波」は求めていない。

ぼくがいい波が来たと思って「あの波、乗らなくていいんですか？」と聞くと、「いいよいいよ」という感じ。すると、1分後にもっといい波が来る。

「うまくなろうとしなくていい。海を感じていれば、波に乗れるようになる」って言うんだよね。

ひつじ　**うまくなろうとしなくていい、か。**禅問答のようですね。

双雲　サーフィンって、板の上に立つのももちろんだけど、板の上に腹這《はらば》いで乗るだけでもむずかしいんだよ。

板の一番いいところに、自分のへそを置かないとうまくバランスが取れない。ところが、へその位置をうまく調整しようとすればするほど、ずれていってひっくり返っちゃう。

でも、コーチは「人間は中心を知っているから、力を抜くことだけ気をつければ、自然に乗れるよ」と言う。「この波に乗ってやろう」とか、「いい波を逃した」とか、そんなことも考えなくていい。

「大丈夫、いい波はいくらでも来る。どの波に乗ればいいかも、体が知っているから」って言う。

ひつじ　なんだか、ブルース・リーみたいですね。**「考えるな、感じろ」**。

双雲　なかなかむずかしいんだけど、ぼくも思い当たることがあるんだ。

教室で教えているとき、生徒さんが「この筆、おかしい」「使いにくい」と相談してくることがある。「どれどれ」と、ぼくがその筆を使って書くと、ぜんぜん問題なく書ける。ぼくは、ほかの人が扱えない筆もうまく扱えるんだよね。しかも、ほかの人の筆はしばらく使っていると壊れるのに、ぼくの筆は壊れない。

ひつじ 何が違うんでしょうね。

双雲 その筆の**「一番いいところ」を知っている**から。本当は、ぼくだけじゃなくて、みんな知っているはずなんだけどね。やっぱり、**書道の場合も、うまくなろうとする必要はない。筆を感じていれば、自然とうまくなる。**筆で書くのって、気持ちがいいでしょう?

ひつじ そうですね。何か官能的な手応えがあります。

双雲 書道をやるときは、その豊かな感触を目いっぱい味わえばいい。ゆっくり書いて、なんて贅沢《ぜいたく》な時間なんだろうと思えばいい。うまくなろうとする必要はない。ぼくはずっとそうしてきたよ。それでうまくなっていないかといえば、そうでもない。ちゃんとうまくなっているよね。

ひつじ　**うまく波に乗るには、うまく乗ろうと思わなくていい。ただ、海を感じていればいい。うまく書くためには、うまく書こうと思わなくていい。ただ、筆を感じていればいい。これも、「今」を生きるためのメソッドでもありますね。**

双雲　そうだね。そして、**海に感謝する、筆や紙に感謝する**、ということでもある。**感謝するというより感動する**、と言ったほうがわかりやすい人もいるかもしれない。

ひつじ　そうか、双雲さんはいまだに筆の感触に感動し続けているし、サーフィンの先生は海に感動し続けているわけですね。

双雲 なんだか、**双雲さんって波に乗るように生きているような気がしてきました。**

ひつじ どういう意味？

双雲 こう、無理に自分で進もうとか、高いところに登ろうとかせずに、目の前に来た波にうまく乗っている。しかも、いい波が次々と来る。

たしかにいい波は来るなぁ。

プチPoint

幸せになろうとしなくていい。幸せを感じて感謝すると、自然にあらたな幸せが引き寄せられてきて、うまくいく。

31

幸運の波にスイスイ乗ってハッピーに生きるアイデアの総まとめ

あなたの好みの方法はどれ？
結局のところ、ラジオも幸運も、
どこにチューニングを合わせるかに尽きる！

ひつじ　そもそも最初は、双雲さんがなぜ元気なのか、幸せそうなのかを聞くところから始まったんですよね。ええと……。

双雲　ひつじくん、しっかりノートを取ってるんだね。偉いなぁ。

ひつじ　あった。双雲さんの元気や幸せの秘密。**双雲さんは、自他や森羅万象を区別せず、すべてに関心を持つ「赤ちゃんシステム」で生きていることがわかった。**

双雲　そうだったね。

ひつじ　**双雲さんは、筆を揮《ふる》うときには自分を「無」にして、宇宙の大きなエネルギーにアクセスしている**という話もありました。**自分で何かを生み出すのではなく、大きなエネルギーにつながる「パイプ」になっているから、仕事をするときにも苦しまないん**だと。

これなんか、「自分の力でなんとかしよう」と思ってプレッシャーを感じがちな人には、いいヒントになると思います。

それから、**雨がイヤだなと思ったり、仕事がつらいと思ったりするのは、ぼくたちが成長する過程で身に付けた「文化」のせい**なんでしたね。これも、「赤ちゃんシステム」に帰ることで自由になれると。

双雲　そこで般若心経の話も出たね（60ページ参照）。いろいろな「文化」、つまり、思い込み、定義、考え方の枠から自由になった先にある世界は、般若心経に描かれている、とてもクールでアナーキーな世界。

ひつじ　知らないということはない、そして知らないということがなくなることもない、「ない」ということさえもない、というやつですね。

それから、夢や志の扱い方。

双雲　**夢や志を持つのはいいけれど、それにとらわれると危ない。**夢や志が実現した未来が素晴らしいと考える半面、まだ実現していない今は素晴らしくない、よくないという考え方に陥ってしまうことがあるからね。

ひつじ　**未来が自分をおとしめる、という危険ですね。**

双雲　そこで双雲さんは、主語を変えてみようという提案をしています。これから自分がかなえたい夢ではなく、これまでかなってきた人類の夢を考えてみようと。このあたりは、あとに出てくる「感謝」とも通じる話です。

ひつじ　**感謝、アプリシエーション**（appreciation）についてはどんな話から始めたんだっけ？

双雲　奥さんを5秒だけよけいに観てみようという話でしたね。（85ページ参照）**ものの見方を変えるには、関心を持つこと。関心を持つ方法は、いつもより5秒長く観てみること**から始めればいい。

関心を持って、よく観るようにすると、対象との関係も変わってくる。

そして、「観る」と「感謝する」は、英語では同じアプリシエーションという言葉なんだと。

そうだった。

ひつじ　いわゆる「引き寄せの法則」も、関心を向けてよく観ることで起きるという話でしたね。ところが、現代人はなかなか目の前のものに関心を向けて、よく観ることに集中できない。

双雲　情報化社会になって、つねに不安情報にさらされて、頭の中で空襲警報が鳴り続けているような状態にあるから。

ひつじ　情報とどう距離を取るかは、本当に問題だね。とにかくニュースは見すぎないほうがいいし、あんまりネットにつながりすぎるのもよくない。

現代人が幸せになれないのは、達成にとらわれているからだ、という話もありました。競争に勝てば、何かを達成すれば、成功すれば、人から認められれば、高評価を受ければ、夢が実現すれば……。

何かを獲得すれば幸せになれるという幻想にとらわれている。

だから、**結果を求めて一所懸命に仕事をがんばるというのは、どこかに無理がある。**

双雲　素晴らしいまとめ力。

ひつじ　むしろ、**子どもにプレゼントを届けるサンタクロースのように、笑いながら仕事ができることが幸せなんです**よね。**それが可能な環境を求めて、居場所を変えてみるのもおすすめ**でした。転職ではなく、環境チェンジ。

双雲　そう。**自分の直感が「ここだ」と感じる環境を探せばいい。**

ひつじ　直感にしたがってうまくいくためにも、**自分の感情をよく「観る」ことが大事**なんでしたね。いいワクワクと悪いワクワクなんていう話もありました。やっぱり、「観る」ことが大きなポイントなんだなあ。「観る」ことは、デフォルトの話とも関連していましたよ（157ページ参照）。

お金がほしいと思った時点で、デフォルトが貧乏になってしまっている。やせたいと思った時点で、デフォルトがデブになってしまっている。

「100円しかない」ではなく、ただ「100円がある」と観る。今あるものに感謝することが大事。

双雲　**そう、まずは観ること。**
不安になったときも、不安だから何かしなきゃ、何かを得なきゃ、何かを達成しなきゃ――と焦《あせ》るんじゃなく、まずは**「あ、自分は不安になっている」と思えばいい。**

ひつじ　無理にポジティブになろうとするのは危ないんですよね。それは逆効果。**前向きになるためには、「観る」ことで前向きになれるような「気づき」を増やしていけばいい。**ガードレールを観て、これは誰かのやさしさだなと気づく。その気づきを発信することで、前向きな情報を引き寄せられるポジティブ・バキュームカーになれる。

双雲　そう、ちょっとしたことを積み重ねて、自然に前向きになっていくのがいいよね。

ひつじ　積み重ねの大切さを教えてもらったのが「1・01理論」(186ページ参照)でしたね。

毎日、1パーセントプラスに変わるだけで、100日で3倍ポジティブに、1年で37倍ポジティブになれる。

すぐにリターンを求めずに、超長期でリターンを求めれば、焦ることもなくなる。結果、今を生きられるようになる、と。

こうして振り返ってみると、**「観ること」「感謝すること」「今を生きること」**が双雲さんの「幸運の波に乗る」極意なんですかね。

双雲　あとは、**「丁寧に生きること」**かな。

ひつじ　そうでした。コップのお茶を丁寧に飲むだけでも世界が変わりますよね。丁寧に今を生きるメソッドとして、書道やお茶やお花をやってみてもいいし。

双雲　結局、丁寧に今を生きるということは、ノイズがなくなるということだと思う。未来や過去に縛られなくなるからね。
ノイズがなくなると、きれいなフォース（力）になることができる。大きなものにつながって、エネルギーを表現できるようになる。
ノイズがなくなるから、ものごとに対する感度が研ぎ澄まされていく。すると、いい波を感じて、乗ることができる
……ということじゃないかなぁ。

ひつじ 幸運の波に、チューニングが合うという感じですかね。

双雲 ぼくはいい波に乗っているし、いい波に感度よくチューニングできているんだろうね。

プチPoint
自分の心の感度を上げて、幸運に感度を合わせていくことが幸運をつかむ一番の近道。

エピローグ

どこからでも、いつでも、幸運や幸せにつながることはできる！すべてはつながっているから

いかがでしたか？
みなさんのなかに、何かいい「気づき」は生まれたでしょうか？
長い問答に付き合ってくれた読者のみなさんに、改めてお礼を申し上げます。
本当にありがとうございました！
さて、本書ではいろいろと偉そうなことを語ってきましたが、ぼく自身も「不幸」

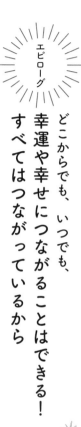

や「不運」にチューニングしてしまうことは、しばしばあります。

イライラしたり、不満を感じたり、不安を感じたり……。

そんなとき、ぼくはちょっとした行動を変えることを心がけています。

たとえば、いつも着ている作務衣《さむえ》の紐をほどいて、ゆっくりと、丁寧に縛り直す、というような小さなことです。

ぼくは所作を整えることによって心を整える、日本的な「道」の世界で育ってきました。だから、ちょっとした所作を丁寧にやることが、「幸運」にチューニングを合わせる方法として適しているみたいです。


でも幸運な人になるちょっとした行動は、人によってさまざまだと思います。

ある人にとっては、部屋に掃除機をかけることかもしれない。

別の人にとっては、犬をなでたり、猫とじゃれたりすることかもしれない。

お茶を丁寧に淹《い》れて飲むことかもしれない。

ノートとペンを取り出して、思っていることを書きつらねることかもしれない。
散歩に出かけることや、何度も読んでいる愛読書を、ひもとくことかもしれません。

そうしたことに加えて、この本を、いい気分、いい機嫌、いい感情で、今ここを生きるためのヒントにして、たくさんの幸運を得ていただければ幸いです。

それと、**この本を折に触れて読み返すことも、幸せに生きる習慣の一つとしてもらえたら嬉しいです。**

何げなく開いたページに、今の気分を整え、感情を変えてくれるヒントが見つかるかもしれません。

この本から何を読み取り、何に気づくかは、人それぞれ、あなた次第です。

この本との出合いが、あなたにさらにビッグな幸運をもたらしますように。

あなたが未来志向で生きるとしても、今を生きる道を選ぶとしても、幸せを感じられる瞬間が、ぐっと多くなりますように。

そして、あなたが周囲の人たちにも幸運を届けられる存在になれますように。

またいつかどこかで、お会いしましょう。

改めて、最後まで読んでいただき、ありがとうございました。

武田双雲

本書は日本文芸社より刊行された『波に乗る力』を文庫収録にあたり、改筆、再編集のうえ、改題したものです。

武田双雲（たけだ・そううん）

　1975年、熊本県生まれ。東京理科大学理工学部卒業後、NTTに入社。約3年間の勤務を経て書道家として独立。

　NHK大河ドラマ『天地人』や世界遺産「平泉」など、数々の題字を手掛ける。

　講演活動やメディア出演のオファーも多数。元号改元に際し、「令和」の記念切手に書を提供する。

　2013年、文化庁から文化交流使に任命され、海外に向けて日本文化の発信に尽力。独自の創作活動で注目を集めている。

　著書はベストセラーの『ポジティブの教科書』（主婦の友社）をはじめ、『丁寧道』（祥伝社）、『「ありがとう」の教科書』（すばる舎）など、60冊を超える。
■双雲公式ホームページ
https://www.souun.net/

知的生きかた文庫

幸運《こううん》の教科書《きょうかしょ》

著　者　武田《たけだ》双雲《そううん》
発行者　押鐘太陽
発行所　株式会社三笠書房
〒一〇二－〇〇七二　東京都千代田区飯田橋三－三－一
電話〇三－五二二六－五七三四〈営業部〉
〇三－五二二六－五七三一〈編集部〉
https://www.mikasashobo.co.jp
印刷　誠宏印刷
製本　若林製本工場

ISBN978-4-8379-8861-8 C0130